妖怪、貓島、富士山，
我在日本旅圖中

目錄

2017 日本遺產認定

湯淺醬油

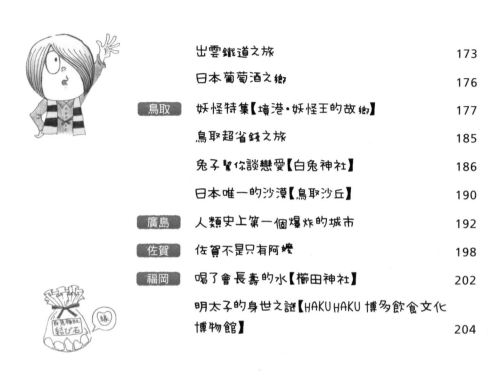

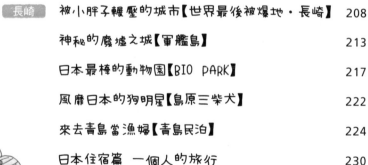

從東京開始的尋犬之旅 【忠犬小八】

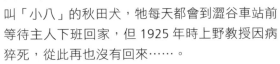

這個故事要從我在東京最喜歡的地標開始說起。1924 年東京帝國大學教授上野英三郎,養了一隻名叫「小八」的秋田犬,牠每天都會到澀谷車站前等待主人下班回家,但 1925 年時上野教授因病猝死,從此再也沒有回來……。

但忠心的小八不知道,還是天天到車站等主人,而且一等就是十年。直到 1935 年 3 月,11 歲的小八因為癌症最後死在澀谷車站,才結束了牠這一生漫長的等待。而人們為了紀念小八的忠心,便在澀谷車站幫小八豎立銅像來紀念。

這麼感人的故事,再加上身為一位專業狗奴,因此我決定來一趟「忠犬小八追尋之旅」!

🐾 許多人都會把小八銅像當作約定集合的地點,而小八忠心等待的樣子,也是許多東京人的回憶。

》 小八本尊

從澀谷車站為起點,第一站當然要先來到上野的「自然歷史博物館」見見小八本尊。小八過世後就被製成標本展示保存於此,但仔細一看會發現,博物館的標本小八雙耳都是直立的,但澀谷車站前的小八銅像左耳卻是下垂的,怎麼會這樣呢?

原來,本來小八的雙耳都是立耳,但在等待教授的那十年間曾被流浪狗攻擊,導致左耳受傷,才會變成現在看到的樣子……真是可憐的孩子呀(哭)。

終於親眼見到小八,覺得非常感動!

≫ 小八墓園

死後的小八身體被放置在博物館，內臟則被保存在東京大學內，而懷念小八的民眾，最後更在上野教授長眠的「青山墓園」，也設立了一個小八的墓碑陪伴著上野教授，延續小八這份忠誠的守候。

≫ 小八無所不在

聰明的日本人怎麼可能放過這感人的商機呢？在澀谷街頭不但處處有隱藏版的小八，現在更直接在澀谷超大間的 MEGA 激安殿堂內設置了一間「小八食堂」。裡頭不但販售各種小八造型甜點，還有超可愛的飄浮小八珍珠奶茶！雖然不便宜，但真的非常可愛，而且還滿好喝的唷。

一杯將近台幣 200 元，但為了小八，我還是買了～

≫ 九十年後的重逢

從 1925 年上野教授過世後，一直到 2015 年剛好整整九十年，也就是說小八和教授分開了九十年之久，於是東京大學農學院（上野教授當年任教學院）在 2015 年發起募款，特別製作了一個銅像，讓小八可以與牠心心念念一輩子的上野教授重逢，這一刻，小八可是足足等了九十年！看著銅像上小八喜悅的樣子，相信牠在天之靈一定也會感到開心吧！

≫ 小八的故鄉－秋田

　　如果想要進一步追尋小八，那就一定要走一趟小八的故鄉－秋田縣大館市，一個致力保存秋田犬歷史與血統的城市。而小八就是在大館出生，後來才被送去東京陪伴上野教授的。

　　秋田縣本身的形狀也非常有趣，在 JR 車站的文宣品中，把秋田縣畫成了一隻秋田犬；而且不論正著看、反著看都一樣，只能說秋田的觀光宣傳真的太有創意了。

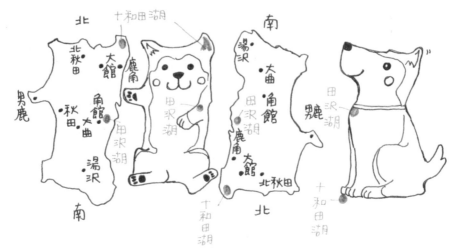

　　一抵達 JR 大館站，滿滿的秋田犬讓你一眼就知道「目的地到了」！當初小八就是從這個月台離開家，到上野教授身邊的吧～而站內的月台上也有一個「JR 小八神社」喔！

小八雕像前的奉納箱也很有特色，是用大館的名物「曲木盒」來代替。投錢進去，還能聽見小八感謝的「汪汪」聲！

站內旅客中心還有一個Q版的小八塑像，以及各式各樣秋田犬相關的零食和紀念品。光是要走出大館車站，就要花去不少時間（笑）。

一出了大館站馬上又能看見跟澀谷車站前非常相似的小八銅像，只是秋田的小八像幾乎都是立耳的。

🏷 秋田的名物之一就是秋田犬的鼻屎跟便便！在各土產店都有販售喔～（其實是巧克力啦～）

》超人氣觀光站長

身為秋田犬的故鄉，大館當然也有超人氣的動物站長！牠們分別是「飛鳥」和「Ako」雙胞胎兩姊妹，除了不時會在站內「接客」之外，牠們也會在站外的「秋田犬ふれあい処」值班呢～

在這裡可以跟兩位站長近距離互動；虎斑的飛鳥比較文靜害羞，Ako則是非常活潑。不過為了不造成狗狗太大的壓力，每個人的專屬互動時間只有五分鐘，但已經夠療癒!!

6/23是牠們的生日，兩位站長各有自己值班的時間喔！

9

蛋糕近在眼前，卻忍得非常痛苦，
眉頭都快打結了啦……。

　　第二天離開大館時，剛好還遇上兩姊妹的 2 歲生日會，不但聚集了一批忠實粉絲來慶生，連當地媒體也紛紛出動採訪。大家都排隊搶著跟超可愛的壽星們拍照，可見秋田犬真的是大館人心中的寶貝，就連 70、80 歲的老奶奶也像少女一樣一路狂喊「好可愛！」

　　離開車站前，別忘了拿張「戀戀秋田犬 – 市內尋犬地圖」，從這邊當作第一站出發，一邊搜尋大館的著名人氣狗星，一邊遊覽市內風光。而且在大館車站旁的案內所，只要出示護照，就可以免費租借腳踏車，非常方便。

　　市中心大町商店街的藝術中心裡，有一隻名叫「希望」的秋田犬「NONO」。牠可是大館宣傳戰略室的室長呢！從藝術季到商店街的大小宣傳活動都少不了牠。

　秋田市甚至還把秋田犬和當季產的米結合，做成秋田麻糬，模樣可愛極了！這個城市整個就是充斥著秋田犬的國度啊！

🐾 不過牠的睡姿不太好（笑）～

≫ 犬迷必去！秋田犬會館

在大館還有日本唯一以秋田犬為主題的博物館，4月到11月下旬會有超可愛的秋田犬駐館，幸運的話還可以跟這些大狗狗們一起散步喔！

✎ 除此之外，還有虎斑色的「黑衛兵」、赤色的「MODOKA」和「小銀」，以及白色的「白毛之雪」，各個都非常可愛！

櫃檯服務指名 NO.1 的「FUKO」可是秋田犬會館的紅牌！

1 樓可以看到超可愛的秋田犬在上班，館方人員知道我從台灣來，還非常親切的送了我秋田犬資料夾當禮物呢！

2、3 樓則展示了關於秋田犬的歷史與知識，包括如何分辨秋田犬的特徵，例如柴犬只有「黑、白、赤」三色，只有秋田犬才有「虎斑色」喔！千萬別再秋田、柴犬傻傻分不清楚啦～

懶人分辨法

大隻的就是秋田，小隻的就是柴犬；看起來比較呆的是秋田，聰明臉的就是柴犬～（喂～才不是那樣！）

有點三角眼，垂垂的眼睛超無辜。 **眼睛**

耳朵 秋田耳朵比較厚，而且向前傾～柴犬耳朵薄薄～

眼睛 圓又大，一副鬼靈精樣。

鼻子

鼻樑比較長，鼻子也比較大。

鼻子 比較短的鼻樑，鼻子小。

秋田 **柴犬**

五官

嘴巴

嘴巴 嘴巴比較圓、尖～看起來很聰明

嘴巴比較方，看起來更呆萌。

秋田犬以前只有皇室和貴族才能飼養，栓犬的皮帶也會根據狗的等級和主人的地位而有所不同。另外，秋田犬被日本人視為「終極獵犬」，傳聞甚至還可以獵捕熊，因此也被當作鬥犬，幾度面臨絕種，還好最後有被保存下來。所有跟秋田相關的資料和物件，在會館都能親眼見到，非常值得愛狗人士走訪一趟。

秋 田 犬 小 知 識

1. 秋田犬是日本六種「原生犬種」中唯一的大型犬，被封為日本「國犬」。
2. 過去秋田犬被作為鬥犬，只有皇室才可以擁有。
3. 第一個將秋田犬帶到美國的人是著名的「海倫凱勒」。
4. 其實秋田犬不太老實，他們非常調皮有活力，聽說在美國有些地方，如果得知你養秋田犬，會調漲你房子的保費，甚至是拒保。
5. 在日本送秋田犬的雕像或是圖片，有著「祝你早日康復」的用意喔！

秋田犬會館

- 地址：秋田縣大館市三ノ丸 13-1
- 營業時間：09:00-16:00
- 交通：奧羽線東大館站出站後，往市役所方向約徒步 15 分可達

≫ 忠心是代代相傳

雖然小八終其一生都待在東京，不過牠可是出生在秋田大館市的一戶齊藤家，是名符其實的「秋田犬」喔！小八出生才 50 天就離開了故鄉，被送到上野教授身邊，然而忠心似乎是秋田犬代代相傳的特色，大館葛原地區，也有另一隻非常有名的忠犬「小白」。

秋田犬的忠心
早在慶長時代的小白
身上展露無遺。

老犬神社

在慶長時代（1596-1615年），秋田有隻叫做小白的狗狗，牠的主人「定六」是名獵人，有天打獵時不小心誤闖其他人的領域，又因為忘了帶狩獵許可書而遭到逮捕。身為定六隨身獵犬的小白於是跑了數十公里回到家中求救，定六的妻子將狩獵許可書交給小白後，小白在大雪中狂奔將許可書送給定六，但可惜定六早已被處死，而小白也因為耗盡了體力身亡。自此後，小白的怨念不停作祟，為當地帶來許多災難，於是人們為小白建立了一座「老犬神社」紀念牠的忠誠，災禍才就此平息。

聽說當年小白拚上性命也要送到的那份「狩獵許可書」，至今都還保存在老犬神社裡。本來也想去那裡探訪，但查了一下之後發現，這間老犬神社位在遙遠偏僻的山中，應該很難有車可以到達……最後只好忍痛放棄這趟尋犬之旅。

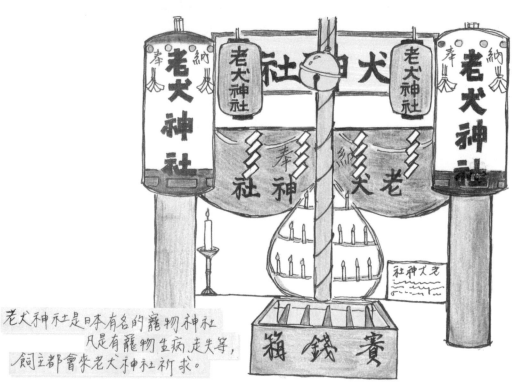

老犬神社是日本有名的寵物神社，凡是有寵物生病、走失等，飼主都會來老犬神社祈求。

13

相撲部屋探秘

大家印象中的東京總是時尚和流行的代名詞,但其實在東京的「兩國」地區,也就是神田川和隅田川的匯流處,可是充滿江戶風情,讓你能瞬間了解東京歷史的地方,更是日本相撲的歷史中心,兩國國技館的所在地喔!

≫ 日本最神聖的運動

相撲是日本的「國技」,最遠可以追溯到 1500 年前,古時候是為祈求天下太平與豐收的一種神聖儀式。

到了鎌倉時代至戰國時代,相撲更是訓練武士的方式之一,聽說織田信長還曾經用舉辦相撲比賽的方式,招攬各地的勇士,只要贏了就可以成為織田家的家臣,不但是一種「武藝」,也是「武道」精神的一種表現。

JR 兩國車站旁有一條「國技館通」,這裡設有許多相撲雕像,還有歷屆橫綱的手印,很多人會選擇到兩國國技館看相撲比賽,1 樓還有免費的「相撲博物館」,可以讓大家更了解這項運動。

本次部屋見學的指導橫綱。

相撲小知識

日本的相撲分為「大相撲」和「相撲」兩種;大相撲是專業的比賽,相撲則是業餘比賽。在大相撲中,每個力士都有排名,「橫綱」則是相撲力士中能獲得的最高頭銜,之後依序是大關、關脇、小結、前頭等等。

≫ 相撲部屋見學

　　看相撲比賽不只門票不便宜，重點是機會可遇不可求。大相撲每年分別在 1 月、5 月、9 月各舉行 3 回，不過比起看比賽，參觀「相撲部屋」更讓我覺得有趣。

　　「相撲部屋」其實就是相撲力士們每天練習的地方，通常是在晨間進行練習，稱作「朝稽古」，以前可是不對外開放的重要基地呢。也有很多尚未正式成為力士的學徒們在這裡認真練習，一拚出頭天的機會！

　　但為了推廣文化觀光，現在兩國地區有越來越多相撲部屋開始開放給外國人參觀，可以親眼看到相撲力士們日常練習的樣子，真的讓人大開眼界。

🖌 光是「四股」這個動作，相撲力士每天就要練上百遍！

≫ 超乎你想像的相撲練習

　　最讓我驚訝的，除了力士們每天的運動量之大以外，還有就是他們柔軟又靈活的動作。每個人的動作都比你想的還要敏捷十倍，而且隨便一個暖身竟然就能一字馬大劈腿！實在是太強大了～！

　　以前看相撲一直有個疑惑，就是到底為什麼相撲力士要蹲馬步，然後輪流抬高左右腳搖晃，這次拜訪相撲部屋後才終於解開謎團～

　　原來這個動作叫作「四股」，看起來很簡單，但聽說做起來卻非常累，可以有效訓練腿部的肌肉。所以，別看相撲力士們每個都很胖的樣子，其實他們的肌肉可是相當發達呢！

　　人人都希望在賽場上一舉成名，所以練習的時候氣氛其實超級嚴肅。練習完基本動作後，就開始一場又一場的對戰，輸的立刻下場換人，沒一會兒功夫所有人就已經大汗淋漓，讓一旁的人也忍不住跟著緊張起來。

　　見學的最後，負責指導的橫綱會出來跟大家合照聊天。短短的晨練讓人大開眼界，也讓一般民眾能更貼近這項日本神秘的傳統「國技」！

跟可愛的相撲力士大合照

被一百隻狐狸包圍【藏王狐狸村】

從貓島、鹿城到猴子公園，這次的旅行會介紹好多日本動物景點，但這一個，一定是全日本最吵的動物園，沒有之一。

≫ 藏王狐狸村

宮城縣的「藏王狐狸村」，應該是東北最有名的動物聖地。其實以前這一帶是因為狐狸實在太多，甚至會破壞作物給居民帶來困擾，後來居民乾脆圈了一大片森林專門放養這些野生狐狸，久而久之也就演變成一處「狐狸動物園（集中營～）」。

目前藏王狐狸村放養了超過上百隻狐狸，除了常見的紅狐之外，也有各種稀有的銀狐、雪狐等等。而且由於希望讓狐狸保有野生自由自在的生活，因此採沒有圍欄式的放養方式。我很喜歡這種尊重動物的飼養方式，人類就像來到狐狸家作客一樣，隨時隨地，狐狸就會出現在你身邊!!

但說實在的，狐狸真是我見過最像女人、最愛吵架的動物了！討食物吵、玩一玩也要吵、沒架還要找架吵，根本超有事的（笑）～

隨便一個動作就能把人萌得不要不要的～

What Does The Fox Say～

敢跟我搶食物，老娘今天可不會放過你！

而且狐狸的叫聲又尖銳，激動起來跟發瘋的女人真的沒兩樣，手還會一直推對方、巴對方的頭，光是看牠們吵架就足夠歡樂了。

» 狐狸禁忌

一般放養的動物園最怕有人去嚇動物，但在這裡完全不用擔心，因為想進來狐狸村，可是要先簽署「免責聲明」的。

「請大家要為自己的所有行為負責～如果因為你白目而被狐狸攻擊，抱歉，是你自己的問題～我們不負責喔～」聲明上頭大概就是這個意思。如果說奈良的鹿是女朋友的等級，那藏王的狐狸就像是老婆那種等級的兇狠。

來到狐狸村，一定要記住幾個守則：

1. 千萬不要伸出手，100% 會被狐狸咬。
2. 收起所有掛飾，狐狸會以為是食物，100% 會攻擊你。
3. 不要拿出塑膠袋，狐狸一樣會以為是食物，100% 一樣會攻擊你。
4. 不要蹲下，狐狸可能會咬你屁股！
5. 當狐狸靠近你的時候千萬不要閃躲，狐狸可能會咬你或是朝你撒尿。
6. 只能在特定區域餵食園區準備的食物。

100% 噛みます！

快把食物交出乃！

　　雖然園區也有抱狐狸的體驗，但我實在不想有勉強任何動物的可能，因為這會給狐狸非常大的壓力，所以就沒有去參加這項活動。不過，光是偌大的園區就足夠逛了，尤其餵食的時候，一群毛茸茸的肉球用光速朝餵食台衝過來，再用可憐巴巴的眼神盯著你……手上的食物時，完全讓人無法招架啊！

》保育與觀光

　　雖然日本的保育觀念被國際評為非常差，不過有一點很值得學習的就是：日本人很有商業頭腦，腦筋動得很快，所以就大多數有觀賞價值的動物而言，日本人知道「好好留著比殺掉更值錢」，並且極力發展觀光；先不說動物本身，光是那些周邊商品就可以再蓋兩個保育區了，因此，希望台灣也能在這方面好好學習，蓋個石虎村、黑熊村、貓咪村、狗狗村、水獺村，來推動台灣的觀光兼具保護動物，讓更多人可以看到這些可愛動物的萌模樣。

藏王狐狸村

- 地址：宮城縣白石市福岡八宮字川原子 11-3
- 電話：0224-24-8812

仙台 JR 東北本線 → JR白石駅

巴士：一小時（ㄡㄡㄙㄨ！！！花） → 狐狸村

計程車：30分鐘（4000円！！花） →

鬼都不來的城市【三石神社】

多勢時丑⋯⋯

　　岩手縣是日本僅次於北海道面積最大的縣，但人口密度卻是本州最低，也因此這裡保存著日本原始風景和傳統文化生活；每次說到岩手，我就會忍不住想到「日本民間傳說」，感覺那裡就是純樸的鄉下地方。

≫ 鬼的悔過書

　　如果想要了解「岩手」這個奇怪地名的由來，就必須走一趟位在盛岡市的「三石神社」。

　　位在小巷中的「三石神社」其實非常不起眼，一副年久失修的外觀，卻是盛岡市現存神社中最古老的一間。大院中三座快比樹還高的巨石，更是超級顯眼。

　　傳說早在火山噴發的時代，這三座巨石就矗立在此，人們也為這些六公尺高的奇石興建了「三石神社」。後來有個惡鬼「羅剎」來到這裡做惡，人們只好到三石神社訴苦，神明知道後，便下凡來收拾惡鬼，並準備「徹底消滅」牠，嚇得惡鬼立刻求饒。

　　後來神明大發慈悲決定放過惡鬼一馬，但條件是祂絕不再來侵犯此地，並把惡鬼的魔力封印在大石中，還要惡鬼在大石頭上留下爪印手痕當作起誓證明，就像小朋友犯錯之後寫悔過書一樣，寫完還要蓋手印呢（笑）～

　　岩手的首府盛岡，舊名叫做「不來方」，意思就是「鬼從此不再來的地方」，也就是從這原因而來的喔！

🔹 但我怎麼找都找不到鬼手印在哪裡？傳說是在石頭的上方，
　　難道是只有岩手人看得出來？

三石神社小知識
三石神社也是著名的磐座信仰神社喔～（關於磐座信仰請參考 P.115）

》 三薩舞祭

趕走鬼之後，村民為了感念神明，每年都會舉辦祭典慶祝，一邊繞著三座巨石跳舞、一邊喊著「三薩」（三薩為一種快樂節奏，沒有太多涵意），而這就是日本「東北夏日四大祭‧三薩舞祭」的起源。

至今，每年三薩舞祭開始前，依舊會到三石神社祭祀，隊伍也必須從神社做為出發點。只不過，三石神社平時真的沒有什麼人，再加上破舊的建築，白天看還滿有懷舊復古氣氛，但如果天色稍暗時還真有點可怕，感覺鬼或者妖怪之類的會躲在某個角落偷看著你呢……。

》 岩手精神

岩手因為位處日本東北，在古時候是屬於相對窮困且氣候嚴峻的地區。我想，羅剎的故事某方面應該有突顯以前生活不易的意涵，而岩手人純樸刻苦的精神，也如同三石一樣堅毅。

除此之外，盛岡市內也有另一個非常能夠代表岩手堅毅刻苦精神的象徵，那就是在盛岡裁判所前的巨大櫻花樹－「石割櫻」。

石割櫻高 10 公尺、樹根周長 4.3 公尺，樹齡推測已將近有 400 年！而石割櫻最特別之處，就是它竟然是從一個周長 23 公尺、高 1.7 公尺的花崗岩中長出來的 ?!

據說，江戶時期盛岡「北家」宅邸中，一座巨大花崗岩某天因雷擊而被劈出了一道小缺口，而後竟然有顆櫻花的種子不知從何處飄來，並在石頭裂縫中落地生根，原以為其生長會受到阻礙，沒想到竟逐漸長成一棵巨大且美麗的櫻花樹！遠遠看過去，就像是樹從石頭中長出，並將石頭從中剖開一分為二，所以才被稱做「石割櫻」。

在岩縫這麼苛刻的環境下，卻依然堅強地存活下來，強韌的生命力，與岩手人刻苦耐勞，努力生存的精神真的很像，也因此石割櫻早在 1923 年就被列為「國之天然紀念物」。

不過，1932 年時，盛岡裁判所發生了一場火災，石割櫻也受到波及。幸好當時有人奮不顧身保護石割櫻，讓石割櫻逃過一劫。雖然活了下來，但還是對石割櫻造成了很大的影響，開花狀況一年不如一年，因此在 2000 年時特地對石割櫻做了徹底的診斷和治療，才讓石割櫻慢慢康復，至今仍是盛岡的賞櫻首選之地。

三石神社

■ 地址：岩手縣盛岡市
名須川町 2-1

22

來盛岡挑戰大胃王【碗子蕎麥麵】

「わんこ」是岩手的方言，指的是紅黑色的漆器小碗。

≫ 盛岡碗子麵

過去岩手因為氣候太過寒冷，不適合種植稻米，改種其他如小麥等比較耐寒的穀物，因此麵食非常盛行。在岩手最有名的「三麵」，分別是「炸醬麵」、「冷麵」和「碗子蕎麥麵」。

在湯裡放西瓜等水果的「冷麵」非常值得一試，不過說起岩手最特別的，還是非「碗子蕎麥麵」（わんこそば）莫屬！

碗子麵（わんこそば）的起源，是岩手地區習慣在重要的宴會上以溫熱的蕎麥麵來招待客人，但是當人數眾多時，一個鍋子實在是無法一次煮出這麼多人份的蕎麥麵，因此衍生出把剛煮好的蕎麥麵裝成小碗招待賓客的習慣，不只不用讓大家空等，還可以趁大家用餐時繼續煮下一份蕎麥麵～而這習俗也反映了岩手人好客熱情的個性，希望賓客可以一直「再來一碗」！

≫ 蕎麥麵大胃王

關於碗子蕎麥麵，其實也有非常有趣的吃法，那就是每一碗只有一口的份量。店家首先會為客人送上第一碗，然後，在你打開蓋子的瞬間……戰鬥就正式開始了！

只見服務員端著十幾碗的麵一直守候在你身旁，很有節奏且不停幫你加油打氣，在你一吃完的瞬間，服務員就會以迅雷不及掩耳

的速度立刻再倒一口到你的碗中！

就這樣一來一往、一來一往，直到蕎麥麵撐破你的肚子為止！想要停下來的唯一方法，就是比服務員倒麵的速度還要更快地蓋上你的碗蓋……只有成功蓋上碗蓋，才能真正結束這場戰鬥！σ(￣▽￣)σ

盛岡有許多可以吃到碗子蕎麥麵的地方，這次我選擇的是 1907 年就開業至今的「東家」。

他們不但有「碗子麵吃到飽」方案（約 3240 日幣），為了怕客人吃膩，還提供多種佐料配菜，讓你可以享受不同的風味。重點是！只要吃超過 100 碗，店家就會頒給客人「碗子蕎麥麵證書」！

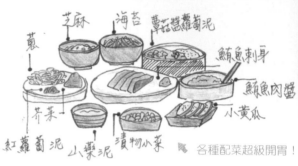

各種配菜超級開胃！

就在我吃到快 100 碗的時候，工作人員紛紛出來幫我加油打氣，讓人倍感熱血沸騰！最後，就在吃到連牛仔褲的扣子都扣不起來的緊繃狀態下，終於努力吃完了「100 碗」！！！！

我不只拿到了證書，店家還送了一塊小木牌給我當紀念。實在是滿佩服自己的伸縮胃袋。

碗 子 麵 冷 知 識

15 碗的碗子麵約等於一般蕎麥麵 1 碗的份量，算下來我也吃了將近 7 碗正常的麵呢～真可怕！但在服務員充滿節奏感的加油聲中，感覺好像真的可以吃得比平常多喔！

》碗子蕎麥麵大賽

岩手縣的盛岡市與花岡市，每年都會各別舉辦一次大賽，而且兩邊都自稱是全國性的比賽（笑）。盛岡每年 11 月會舉行「全日本碗子蕎麥麵錦標賽」，而花岡則是在 2 月舉辦「碗子蕎麥麵全日本大賽」，如果有在這個期間來到日本，一定要記得來湊個熱鬧，體驗看看！

東家本店

■ 地址：岩手縣盛岡市中ノ橋通 1 丁目 8-3

日本民間故事之鄉【神秘的遠野】

岩手縣有個小鎮叫做「遠野」，雖然名不見經傳，但許多日本民間傳說可都是源自於這裡。或許是因為遠野保留了許多傳統的民家風情，整個城鎮看起來非常「復古純樸」，感覺很像日本時代劇才會出現的鄉下爺爺奶奶家，所以關於神秘的各種傳說也就不逕而走。今天就來介紹兩個可以快速認識遠野特色的民俗村！

遠野故鄉村中也有保留曲家建築

》傳承園

相信很多人都聽過知名的「合掌村」，也就是有名的傳統「茅葺聚落」，而遠野的「傳承園」和「遠野故鄉村」，同樣也是茅葺屋組成的傳統聚落喔。

傳承園是個致力保存和展示遠野早期生活，並向後人傳承的地方。園區內還保存了1750 年建造，日本最古老的「曲家建築」—菊池家，這可是日本重要的國家文化財呢！

曲家建築小知識

曲家意指「彎曲的家」，房子主要呈現 L 型，長邊是住所，短邊則是馬廄或廚房、工具間等等，是非常傳統的南部建築。（南部，不是指日本的南方，而是指江戶時代「南部氏」管轄的領地，相當於現在的青森縣東部、岩手縣北部及中部、秋田縣東北角等地。日本著名的「南部鐵器」，指的也是這裡喔！）

傳承園幾乎所有的茅葺屋都可以進入參觀。裡頭保留了非常原始的模樣，展示了古代生活的各種面向。

在這裡不但可以吃到地道的鄉土料理，工藝館裡也有各種不同的傳統「工藝」體驗，大多都是由老奶奶親自教授。像是日式沙袋、許願板、稻草製遠野馬裝飾等等，而且還可以報名「抓河童」體驗喔！

》 白樣‧悲傷的人馬之戀

遠野是一個土地貧瘠的地方，無法種出很好的農作，因此自古以來都是以養馬和養蠶（紡織）的產業為主。在傳承園中也有一間展示養蠶紡織的「蠶室」。

遠野的紡織業非常興盛，但這背後其實有個悲傷的故事……。

傳說以前有個女孩愛上了家中飼養的白馬，人馬的感情非常好，但女孩的父親得知後大怒，一氣之下便把馬匹牽到桑樹下殺了。

父親不但殺了馬，還剝下馬皮，女孩看見後非常傷心於是跟著自殺。女孩死後馬皮竟然主動將她包裹起來，一起飛上了天。因為殺了珍貴的馬匹，家中經濟越來越不好，後來女孩託夢給父親說：「我們現在很幸福，請不用擔心！」並教父親到當初殺馬的那棵桑樹去採葉，並且尋找「和白馬一樣顏色、頭也長得像白馬的小蟲。」女孩說：「等蠶吐絲了，家裡就世世代代不愁吃穿了！」以此來做為他們回報父親養育之恩。（明明就是被父親逼死，白馬和女孩卻不忘養育之恩，好感人～）

而女孩和白馬從此被視為是「白樣」，也就是「御蠶神」，是保佑農業、馬匹、蠶業和紡織業的神明，也是東北一帶特殊的信仰！

》 御蠶神堂

傳承園中有供奉「白樣」的「御蠶神堂」，御蠶神都是兩尊為一組，一尊是馬，一尊是女孩，兩位一體。只要在布匹上寫下心願（因為是掌管蠶業紡織的神明），然後掛在白樣上就可以祈願！

恋愛
♥ 成功 ♥

全人類が
幸せ♥

雖然傳承園中的御蠶神堂非常小，但卻很壯觀，整個房間內擺放著 1000 尊的御蠶神！而且掛著各種不同顏色的布，萬紫千紅，讓人不禁為之讚嘆！

傳承園

■ 地址：岩手縣遠野市土淵町土淵 6-5-1
■ 營業時間：9:00-17:00（最後入園時間 16:30）
■ 公休日：無
■ 費用：大人 320 日圓／學生 220 日圓

》 遠野故鄉村

想要體驗舊時的岩手，「遠野故鄉村」是個非常好的選擇。這裡復刻江戶至明治時代的岩手農村，佔地超大有 8.8 公頃，還移建了 7 間古老房了，包含 L 型的「南部曲家」（傳承園也有），整個環境真的超逼真！川流小溪、水車踰踰作響，甚至還有農田馬匹，就像瞬間回到從前時代。因此，許多日本時代劇也會來這裡取景，像是 2016 年大河劇《真田丸》就有在此拍攝。

跟傳承園有點不同的是，這裡的老房子並不是當做展覽或展示用，這裡的每間房子都有爺爺奶奶們在管理，就像一般農家的正常作息。

走到另一間曲家，發現了跟傳承園一樣的「圍爐裏」，就是時代劇中常常看到被拿來煮火鍋或是烤魚的地爐，超級懷舊！奶奶看到我，一直邀請我留下來作客，她要用圍爐裏燒熱水煮咖啡請我喝；一邊喝著咖啡，一邊跟奶奶聊天，這樣悠閒的午後，讓人的心也跟著放鬆下來～

曲家中的馬廄真的有飼養馬匹，對房子中所有不了解的東西，爺爺奶奶也很樂意講解示範。例如我在一間廚房發現一群人好奇圍觀，原來是奶奶在示範如何使用石臼磨米，一群 40、50 歲的叔叔阿姨們搶著磨米的畫面真的很逗趣（笑）～

傳承園多半為手工藝體驗，在遠野故鄉村則可以體驗傳統的生活。除了飾品工藝外，也能製作蕎麥麵、搗年糕，5 月時甚至還可以讓小朋友下田耕種，以及夏季的捉鱒魚體驗。園區內配合節慶不定時會有各種祭典活動，包括古老的歌舞

🖌 這裡的一景一物都重製得非常逼真，
讓人瞬間以為自己穿越了時空！

祭典「神樂」。但體驗活動大多需要事前預約，可以上遠野故鄉村官網查詢。

順帶一提，遠野故鄉村中有個部分我特別喜歡，就是有間屋子中保存了遠野地區的各種動植物與昆蟲，不只認識農村生活，還能學習當地的自然生態，讓遊客們更能深入了解這個地方，可說是非常用心呢！

遠野故鄉村

- 地址：岩手県遠野市附馬牛町
  上附馬牛 5-89-1
- 營業時間：9:00-17:00 （最後入園時間 16:00）
- 公休日：無
- 費用：540 日圓

一不要太相信 Google 一

由於遠野的景點都有些距離，因此許多人會選擇租腳踏車前往。但我一定要在這邊以慘痛的經驗提醒大家，請多花一點點錢選擇「電動腳踏車」，還有……不要太相信 Google！（哭）

遠野故鄉村大約距離遠野車站 10 公里，但 Google 告訴我有條 8.9 公里就能提早抵達的路線，沒想到騎了之後才發現，這條路不但是翻山越嶺的超斜山路，沿途還要經過可怕的無人森林，路上除了一名開車來回的伐木場大哥外，我沒有再遇見半個人……。另外還有一段是只有一個人能通行的超窄小石子路，騎著腳踏車一路顛顛簸簸，一不小心打滑的話，兩側可都是山崖啊 !!! 這段 8.9 公里的路程，可是足足騎了兩個小時我才狼狽抵達。ᕕ(´_>`)ᕗ

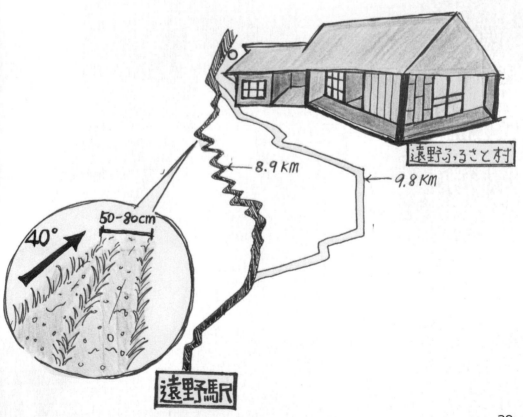

遠野ふるさと村

8.9 KM

9.8 KM

40°　50-80cm

遠野駅

去傳說之鄉抓河童

《遠野物語》

一般商店容易買到，一張 280 日幣。

柳田國男曾在 1910 年（明治 43 年）整理了許多關於遠野的民間傳說，出版了一本《遠野物語》，內容包括天狗、河童、座敷童子、山男、神隱（魑魅魍魎）等，是非常有名的日本民俗學著作，也有點像是日本版的《聊齋誌異》，讓遠野多了幾分有趣的神秘色彩。

》合法捕捉河童

關於河童的介紹大家可以參閱之後鳥取縣的「妖怪特集」，但在遠野特別介紹，是因為傳聞岩手縣的遠野是河童的故鄉，更是全日本「唯一可以合法抓河童」的地方！而且聽說在日本如果抓到河童的話，賞金可是有 1000 萬日幣呢！

但想要抓河童不是這麼簡單，首先，你得先要有張許可證。許可證在車站或是「傳承園」民俗村都有在賣，JR 遠野站的案內所甚至可以申請獨一無二的「個人許可證」，但無論是哪一種，效期都是一年，要每年更新才行。

印有自己照片的許可證一張 980 日幣。

當然，就算你有許可證也不能胡來，只能在指地的地點，也就是「常堅寺」後方的一條小河「蓮池川」，稱做「河童淵」（カッパ淵）的地點捕捉。聽說這裡是河童最常出沒的地方，而且還要遵守許可證上的七大捕捉限制：

1. 只能活捉，不可以傷害河童。（河童不要傷害我，我就感謝上帝了……）
2. 不可以讓河童頭上的盤子打翻掉下來。（不然河童會死掉……）
3. 捕捉地僅限在カッパ淵。
4. 只能捕捉紅臉大嘴的河童。（但河童不是綠色的嗎？）
5. 不能使用金屬捕抓河童。
6. 只能使用新鮮野菜當作誘餌。（所以不新鮮的不行嗎？ XD）
7. 捕捉證必須要由觀光協會認可。

　　好多規定啊 !! 看來 1000 萬不好拿呢ㄟ（'_〉`）ㄏ

　　旺季的時候，可以在「傳承園」民俗村中預約登記體驗；幸運的話會有河童老伯（目前是二代）親自帶你去抓河童。不知道在專業高手的帶領下會不會機率比較高？但其實自己前往也可以，河童淵就位在距離傳承園約 5-10 分鐘路程的常堅寺後方。

≫ 全日本唯一河童狛犬

　　常堅寺跟河童有很深的淵源。在《遠野物語》中提到，聽說以前河童就活躍於寺後方的蓮池川，也經常跑到村子惡作劇。有一次河童想把馬匹拉進河裡，反而被馬拖出河中一路帶回了主人家。（怎麼聽起來有點遜）

　　而書中沒講完的故事後半段，聽說只有遠野人才知道。那就是後來人類將河童釋放，並和常堅寺住持約法三章不可以再惡作劇，不然就要把河童關起來。河童為了報恩不但成了母子的守護神，後來常堅寺失火時，河童還用頭上碟子裡的水緊急將火勢撲滅，拯救了寺廟，因此常堅寺中才有了全日本唯一的「河童狛犬」，用來紀念守護寺廟的河童！

也因為河童幫忙滅了火，後來還延伸出一個很有趣的習俗。當地居民每年收割後要燒稻子時，都會來看河童狛犬頭上的盤子有沒有積水；如果有水才會燒稻子，如果沒有水則不會焚燒。難道是怕萬一有事故，河童無法來緊急救災嗎？（笑）

≫ 直搗河童老家

在常堅寺旁邊，有個小牌子指向寺後方的小路～

是前往蓮池川（河童淵）的方向。但順著路走去，一片荒蕪的草原，草長得快比人還高，半個人影都沒有，只有風吹著草的颯颯聲……不要說河童，就算有其他妖怪出來我真的都不意外！

還好路邊有小小的告示牌，不然我絕對不敢繼續走。終於在走了約 8 分鐘後看到蓮池川，也就是傳說中河童最常出沒的河童淵。河邊放著免費提供的釣桿和小黃瓜給前來大展身手的釣客們，但能不能釣到，就看個人造化啦。

「小心被河童拖下水，
尤其俊男美女。」

我不但化了妝、拿了河童最喜歡的小黃瓜，但是釣了大半天，卻仍然沒有成功釣到河童，與 1000 萬賞金擦身而過。還是……其實是因為我不是美女，所以河童連拖我下水都不肯!! 河童你給我出來説清楚喔！(＋⊙д⊙)

≫ 河童的民俗信仰

前面有提到河童為了報恩，成了遠野當地母子的守護神，在河童淵旁一間小廟前，有兩尊陶瓷河童神像，其中一尊河童，就是抱著小孩在哺乳的造型。聽説只要將縫製造型像是乳房的布包放到小廟裡供奉，並獻上河童愛吃的黃瓜，河童就會保佑母親分泌充足的奶水來餵養小孩。

小廟中不但供奉河童，還貼有一張照片，他就是第一代的河童伯，傳聞也是少數親眼看過河童的人。據説他死後也變成了河童，繼續守護著遠野的母子們；雖然河童在大多日本故事中都是帶點邪惡的角色，但在故鄉遠野卻顯得特別親切可愛。

🖋 當天看到的小黃瓜竟然有咬過的痕跡！難不成真的有河童出沒 ?!

日本最幸運的妖怪

座敷童子

≫ 座敷童子傳說

　　座敷童子可以說是日本最廣為人知的妖怪之一，而且是少數受大家歡迎的小妖怪。據說，座敷童子的故鄉也是在遠野喔！（原來跟河童是老鄉～笑）

　　座敷童子是個穿著紅色和服，留著妹妹頭的小女孩，喜歡惡作劇，會在床邊來回亂跑，大多只有純真的孩童看得到。

　　傳說座敷童子是個善良孝順的小女孩，在東北窮困的生活、疾病與戰爭之下而不幸身亡。但因為她心地善良，所以座敷童子才會希望帶給他人幸福，尤其是貧困的家庭。在《遠野物語》和《靈異教師神眉》中都有提到，有座敷童子停留的家庭會興盛幸福；一旦獲得幸福後，座敷童子就會離開，繼續把幸福帶給其他人家。不過，說到底她畢竟還是個小孩子，所以偶爾也會喜歡惡作劇。

把我畫這麼醜

詛咒你…

　　《遠野物語》中還有提到，古時候一些日本望族家中甚至會特別建蓋一個叫做「座頭部屋」的小房間，每當家裡宴客時，都會派人特地到小房間門口呼喚座敷童子，表示誠心邀請座敷童子到來，以保持家族興旺。

座敷童子小知識

　　聽說座敷童子喜歡小豆飯，所以岩手縣有許多家庭會習慣在家中供奉小豆飯或是玩具菓子，希望藉此吸引座敷童子落腳在自己家中。傳說青森縣有些居民在翻修房屋的時候，則是會在地板下埋一個金球，希望座敷童子來玩，藉此帶來幸福。

≫ 座敷童子暗黑版

座敷童子的故事乍聽之下很溫馨，BUT！其實民俗學家對座敷童子的起源還有另一種說法……。

如果依照傳說，孩子就是埋在這裡（抖）……

據說古時候的日本東北氣候嚴峻，生活也不富裕，因此有些家庭慢慢演變出一種陋習，那就是會把多出來的小孩趕到石臼下壓死，並把屍體埋在土間或廚房底下（以前廚房不在室內）。之後隨著暴雨或地震等等原因，使得小孩的屍骸不小心暴露出來（或是出現小孩的靈魂），大人們為了掩飾可怕的事實，才會編撰出座敷童子的傳說。

因此在東北地區，座敷童子又有幾種不同的稱呼：

1. 臼搗子（うすつきこ）：意思是「搗米的小孩」。
2. のたばりこ：夜裡從土間爬出來的小孩。
3. ちょうぴらこ：則是指搗臼的聲音和伴隨的惡臭。

◀傳說若聽到孩子喧嘩跑出屋外的聲音，卻無人，表示房子不久後將發生火災。

媲美藍洞的絕美仙境【龍泉洞】

距離盛岡夭壽遠，大概近 2 個小時車程的地方，有個很仙的景點「龍泉洞」；它可是與山口縣「秋芳洞」、高知縣「龍河洞」並稱為日本三大鐘乳石洞！

日本三大鐘乳石小知識

秋芳洞：日本最大的鐘乳石洞，全長約 8.7 公里，目前僅開放約 1.5 公里。

龍河洞：全長約 4 公里，目前僅開放 1 公里。在洞內發現了彌生時代（約公元前 900-800 年）的土器，被認為曾有人在這裡居住過而著名。

》數字解說龍泉洞

在了解龍泉洞有多美之前，我們先用數字來看一下龍泉洞到底有多威！

龍泉洞目前開放 1.2 公里，但據研究推測，全長約 5 公里，洞內高低差達到 180 公尺。

龍泉洞內總共有八個地底湖，目前開放了三個。第一個地底湖水深 35 公尺，第二個地底湖水深 38 公尺，第三個地底湖則深達 98 公尺（約有 30 層樓高），而目前正在探勘的第四個地底湖水深則有 120 公尺！透明度也是世界數一數二！

而龍泉洞中的天然地下湧泉，「每秒」水量竟然達到 1100-1500 公升！被評選為日本名水 100 選！除此之外，日本目前約有 40 種蝙蝠品種，其中 5 種在龍泉洞都可以看得到。

≫ 藍洞仙境

　　龍泉洞以大量湧水和深不見底的洞窟而著稱。隨便一低頭，水透明到彷彿可以直接看到洞穴的深處。藍綠色的泉水，展現出不太像這世間會有的顏色。

　　而地底湖的水中也裝設了照明，深不見底的地底湖和清澈湖水一經照映，竟然折射出了跟義大利藍洞一樣的上帝之藍！美到真的會讓人忘了呼吸，想就這樣靜靜地站著欣賞一輩子。

　　龍泉洞的高低落差也很刺激，陡峭的樓梯讓你任意穿梭在洞穴中，從不同的角度欣賞著美麗的地底湖。

　　當然，除了地底湖之外，鐘乳石、石筍、石柱也很壯觀。還有漂亮的 LED 燈光秀，讓鐘乳石的美瞬息萬變！

　　在龍泉洞的對面還有另一個地底隧道「龍泉新洞科學館」，不只展現了日本探勘的技術與過程，這裡也發現了 1100 年前的繩文遺跡，很值得一看！洞裡重現了繩文時期人們的生活與文物，甚至還發現了鹿和鱷魚的牙齒……真是耐人尋味啊！

龍泉洞

■ 地址：岩手縣下閉伊郡岩泉町岩泉神城 1-1

日本最時髦的小鎮【小坂町】

秋田的農業非常發達，看似純樸的地方，沒想到對日本工業也頗有貢獻。在日本著名的礦山中，有兩座赫赫有名的都在秋田！

其中「小坂礦山」所在的「小坂町」，號稱「日本最美的城鎮之一」，也是「日本最時髦的小鎮」，到底小坂有著什麼樣的魅力呢？

≫ 遙遠的小坂

從大館前往小坂，最快的方式就是搭乘「小坂鐵路」，但可惜小坂鐵路已經被廢止，因此只能搭乘公車前往。不過單趟車程不但要 1 小時以上，班次也很少，於是案內所建議我：

案內所：「你要到小坂？可是下午 2 點才會有公車耶……還是你租腳踏車好了？」

我：「那要騎多久會到呢？」

案內所：「大約 50 分鐘吧！而且腳踏車不用錢喔！」

我：「喔？不用錢！好呀！(。'▽'。)」

聽起來很 OK，還省下了上千元的公車費，於是我就在這樣無知的情況下上路了。結果……我不但騎了整整 24 公里，將近 2 個小時，穿越了一座鍋越山，而且中間還下雨！！！！

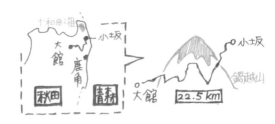

案內所可以告訴我 50 分鐘到底是怎麼算出來的？真的是騎到腳都要斷掉了，重點是根本騎不回來啊！想去小坂的朋友們，千萬不要重蹈我的覆轍……（哭）

》日本三大銅山

「小坂礦山」與栃木縣「足尾銅山」、愛媛縣「別子銅山」並稱日本三大銅山！到底小坂礦山有多厲害，讓我來介紹一下～

小坂礦山早於 1861 年就發現了銀礦，並在 1869 年完成「日本第一座洋式熔爐」，成了日本最早的工業製作。

1873 年（明治 6 年）最先導入世界先進的「濕式製煉法」，讓銀的回收量大幅提升，1880 年銀產量高居日本第一，而且蟬聯八年！成為東北繁榮的地標！

但隨著大量開採銀礦，使得後來礦量銳減，一度差點走向閉山的命運。直到 1900 年，銚子第一發電所的所長「久原房之助」找來了德國的技術團隊，成功研究出「黑礦自熔製煉」的技術，成為黑礦開採煉製的新革命（舉凡金銀銅鉛皆可開採）！

並在 1902 年（明治 35 年）建造了當時「全世界最大的熔礦爐」，1907年金銀銅的總產量躍昇為日本第一！產值約 887 萬日幣，是第二名別子銅山400 萬的兩倍多，相當於當時秋田縣「八年」的縣預算金額！許多建設如醫院、鐵道、康樂館等等，也在此時紛紛完成，成為東北最繁華的城鎮。

二戰後，又在此發現了新的礦脈而再次復甦，並開發了「日本自創、世界首見」的「新濕式製煉法」，讓銅跟亞鉛能同時回收，接著又實現了先進的「無公害製煉法」，在 1970 年代啟用「世界最大的鉛製煉用電器設備」，一直到 1990 年才終止開採。

現在的小坂，靠著以前傳承下來的設備與獨門技術，還發展出了一項特別的「回收事業」，從事手機和家電回收金屬，回收率竟然超過 85％！遠超過歐美的 20-30％。這些廢棄小家電的金屬價值，一年高達 900 億日圓，一噸的電子板約能回收到 200g 的金量，比天然的礦山含量還要高呢！

> 尤其是小坂礦山事務所，由天然的秋田山木打造，是當時小坂興盛繁華的象徵。

≫ 小坂礦山事務所

小坂因為礦業的發達而變得富裕，也因為煉礦邀請了許多國外技術人員前來，尤其是德國。因此，這裡充滿了許多日洋式的華美建築，也是「全日本最早慶祝聖誕節」的地方。小坂成了日本當時少數非常西式風情的地區，更號稱「日本最美城鎮」之一！

除了完整保存裝潢與各種礦山相關生活、文化的資料展示外，在這裡還能花少少的 750 日幣體驗出租禮服，享受在洋房裡當貴婦的感覺。

我抵達的時候已經快閉館了，但工作人員不但耐心陪我挑禮服，還帶著我到處拍照，貼心地讓我趕在閉館前換了 3 套禮服。小坂的觀光客本就不多，再加上快閉館關係，這個時間人非常少，相當好拍！

小坂礦山事務所

- 地址：秋田縣鹿角郡小坂町小坂鉱山字古館 48-2
- 營業時間：9:00-17:00
- 休館日：12/31-1/1
- 費用：小坂鉱山事務所 + 小坂鉄道 + 康樂館通用券 1270 日圓／小孩 650 日圓

至今已有 110 年的歷史。

》小坂鐵道

為了因應礦業而爆增的人口，這裡在 1909 年（明治 42 年）就設立了著名的小坂鐵道，比東京車站還要早開發 5 年！開業 2 年後，交通人數即從 10 萬 9 千人暴增到 17 萬 8 千多人。小坂站是小坂鐵路的終點站，但很可惜小坂鐵道在 2009 年 100 周年時正式廢止，所以現在只能靠坐公車才能抵達。

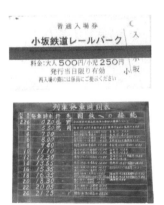

人工售票與老式的日期打印機。

現在的小坂站作為鐵路園區被保存了下來。除了完整保存當時的樣貌，像是手寫時刻表、復古打票機等等，都會讓人瞬間感覺回到從前年代。一旁的資料室更展出許多鐵道文物，非常值得前來觀賞。

　　不僅有資料可以欣賞，因為是終點站，所以站內還有「機關車車庫」可以參觀。保存了非常多老車種、機械和引擎，甚至還能看到日本目前僅存四台、有在運行的鏟雪火車喔！♥

　　有趣的是，廢棄的小坂鐵路，現在仍有一部分在使用，那就是用來騎「鐵道單車」。沿著舊時窄小的小坂鐵道，欣賞這個曾經繁榮的礦山小鎮，也是非常特別的體驗！

　　除此之外，這裡也是「全日本唯一可以體驗乘坐柴油機關車」的地方。如果多花點撮撮，還可以預約體驗駕駛。不管是不是鐵道迷，相信都可以在這裡玩得很開心！

沿途騎腳踏車來的時候，也有看到小坂鐵路！

車庫中的 DD132 機關柴油火車，是在 1958-1967 年間生產的古董車，1987 年退休。現在不只可以近距離欣賞，還可以登上車長駕駛室感受不同的視角。

這台「用紙做的火車」，只靠電池就能行走。99 顆電池可以跑 8.7 公里。

小坂鐵道公園

■ 地址：秋田縣鹿角郡小坂町小坂鑛山字古川 20-9
■ 營業時間：4 月 -11 月中 9:00-17:00（最終入場時間 16:30）
■ 休館日：週二、週三

≫ 日本最古老的康樂館

建於 1910 年的康樂館，不僅是當時礦工們最愛的休閒娛樂，更是「日本現存最古老的木造歌舞妓小屋」。這在當時可是東北第一大的劇場呢～

康樂館在 2001 年（平成 14 年）被指定為國家重要文化財，可容納約 600 人。

歌舞妓出演的演員不論男裝女裝都是由男子所扮演。婀娜多姿的姿態，親眼所見後還是不可置信，實在太嬌媚了，嚴重打擊我身為女性的自尊！(QWQ)

每年 4 月到隔年 1 月都有「芝居」演出，沒有表演時可以入內參觀，到演員後台休息室一探究竟，1-3 月還開放歌舞妓變裝體驗。我是夏天表演期間探訪，由男性裝扮的女性歌舞妓，還會在演出後到門口與觀眾互動呢！

小坂康樂館

■ 地址：秋田縣鹿角郡小坂町小坂鑛山字松ノ下 2 番地
■ 營業時間：09:00-17:00
■ 休館日：12/31-1/1

≫ 小坂名產－針槐蜂蜜

在小坂不論走到哪裡，都一定會看見這項伴手禮－「針槐蜂蜜」。我不是要告訴大家它多好吃，而是為什麼「針槐蜂蜜」會成為小坂名產。

小坂雖然是東北的礦業大城，當時卻早已有環保概念，導入了許多環保政策。其中一項包括種植高達 300 萬株的針槐花！所以現在小坂附近幾乎清一色都是繁盛的針槐花，蜂蜜特別純淨，沒有參雜太多其他的味道，成了當地的特色名產。

另一個比較妙的環保政策則是增加煙囪的高度，當時以為如此可以減少空污（笑），但想當然爾以失敗收場……到底是誰想出這麼天兵的政策啦（大笑）～？

日本最傳奇的千年礦山【尾去澤礦山】

這趟旅程走訪了很多歷史景點,其中最傳奇的,大概就是日本最大規模的礦坑遺跡,「尾去澤礦山」。

傳説奈良東大寺殿中的「大佛」,和岩手中尊寺的「金色堂」,所使用的黃金都是來自這個礦山!身為東北最重要的礦山,讓我們先用數字來看一下尾去澤礦山到底有多厲害!

》 數字尾去澤

1. 開採於西元 708 年(銅元年),結束於西元 1978 年(昭和 53 年),一共開採了長達 1300 年!

2. 直到關閉礦山前,共產出超過:30 萬噸的銅、4.4 噸的金、155 噸的銀。

3. 尾去澤礦山挖掘超過 700 多公里的礦坑隧道;700 多公里的概念就是比台灣南北走兩趟還要遠!是日本「規模最大」的礦坑遺跡!

4. 礦坑內因開採緣故,能看得到 900 萬年前地球生成時的地殼岩層,還可以直接觸摸呢!

》 三菱的金礦

1865 年時,在美國人的指導下實驗以火藥輔助開採,於是銅的產量大增!在明治時期 1889 年時,管理權移交到「三菱財團」的岩崎家,讓三菱在二戰和日本現代化的過程中,站穩腳步。(長崎的軍艦島也是三菱集團的喔!)

≫ 礦山探險

尾去澤礦坑內仍保存著非常原始的樣貌，礦坑雖然只開放了 1.7 公里，但足以讓人大開眼界、嘆為觀止。其實我是個滿喜歡逛礦坑的人（？），但尾去澤礦山開採的規模真的很讓人吃驚，不只路線錯綜複雜，上下岩壁鑿得又大、又深、又廣，而且坑道不單單只是眼前這一條，同樣的位置，上下都還有將近 15 條一樣長的通道，走在其中，我一直擔心會不會垮下來……。

往上看是無限漫延的峭壁，往下看是深不見底的懸崖，光是站在欄杆邊，腳都會不自覺的抖。

坑道內重現了不同時期的礦坑情景，首先是近代開採的時期；當時使用的車輛、機器設備也都完整地呈現。看著工人們站上兩層樓高的地方工作，就算知道是假人，也很讓人膽戰心驚。而工人們生活、吃飯的地方，都鉅細靡遺的重現，若是自己一個人走在裡面，還真的有點可怕！

後半段則是重現了慶長時期礦坑內的樣貌；當時的人如何用小規模的爆破方式，再加上手工刻鑿，一點一滴辛苦開採。而且從人偶模型中可以發現，當時就連女性也要進入礦坑工作，人數一點都不比男性少。

令人好奇的是，在以前沒有探測器的年代，人們到底要怎麼判斷礦脈呢？導覽員告訴我們說：「山勘（やまかん）。」意思就是靠直覺！真的假的？騙人的吧……也太沒有效率了！（⊙Ａ⊙）

值得一提的是，在 1612 年日本開始禁止基督教並迫害教徒，當時許多信徒隱居到尾去澤礦坑中，並在岩壁上刻上十字架禱告，但很可惜最後還是在 1643 年被捕獲處決。而當年的十字架在坑道中還依稀可見，難怪日本人將尾去澤礦坑稱做「見證日本歷史的礦坑」。

除了礦坑之外，這裡也有「採純金砂金」、「能量石首飾製作」、「烤米棒製作」等等體驗項目，算是可以大小同樂的地方。雖然是已經閉山的礦坑，但轉型得很成功。

來到以金礦出名的尾去澤礦山，至少要帶個金箔茶當紀念～

》 尾去澤幸運日

如果是搭公車前往尾去澤礦山，到站後還要再走兩公里多的路才能到達目的地。沒想到我卻幸運地碰到一位東京來的阿伯，他好像要和我前往一樣的地方，而且不知道他是什麼來頭，觀光案內所的人員還特地來開車載他上山，於是我很幸運地被順路載了一程。

回程時，東京阿伯連公車都不等，直接叫了計程車，又要「順道」送我下山。不僅如此，等電車的空檔，還請我吃了義大利麵當中餐，一邊努力地聽著我的破日文和我交談，真的讓我感動到一把鼻涕一把眼淚。（也省了好多錢～）

一個人旅行的驚喜總是特別多，你一時的善良，卻可能成為別人旅程中最溫暖的回憶呢！

尾去澤礦山

■ 地址：秋田県鹿角市尾去沢字獅子沢 13-5

■ 營業時間：4 月 -10 月 9:00-17:00；11 月 -3 月 9:00-15:30

■ 休館日：無

■ 費用：大人 1000 日圓／學生 800 日圓／小學（含）以下 600 日圓

生命的終點【恐山】

≫ 恐山

和歌山的熊野本宮大社，被日本人視為生命的起點與靈魂的終點，但生命的終點在哪呢？日本人相信，生命的終點就在分隔現世與來世的地方，位於日本本島最北端「下北站」，也是日本三大靈場之首的「恐山」。

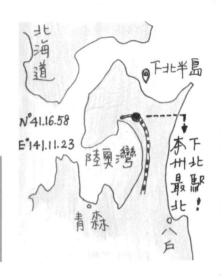

靈場小知識

在日本，「靈場」指的不是靈異的地方，而是「靈魂聚集的地方」，非但不會不祥，反而是眾人信仰，具有強大能量的地方。

從青森搭到下北站後，還要再搭乘約 40 分鐘的公車才會抵達恐山；青森來回車程要將近 5 個小時，果然也不是一般人能輕易到達的地方（遠目）。

≫ 三途川

進入恐山的範圍前，會先經過一條「三途川」。在日本的傳說中，人死後會來到這裡，也就是所謂的冥河，分隔人間與冥界。水流會依據死者生前的行為而有「快、中、慢」三種流速，因此稱作「三途」。在三途川上有座大紅色的橋「太鼓橋」，只要過了太鼓橋就正式進入冥界了。

太鼓橋

（日版奈何橋!?）

三途川

經過太鼓橋之前（有點類似奈何橋），要先由「脫衣婆婆」、「掛衣公公」兩尊石像來定奪；脫衣婆婆會強迫脫下死者身上象徵罪孽的衣物，然後由掛衣公公將衣物掛上「衣領樹」。

如果樹枝垂得越低，表示生前的罪孽越深重，以此審判死者生前的善惡，然後才能進入冥界。

》 菩提寺地藏

恐山靈場的入口，其實就是恐山菩提寺，是慈覺大師在貞觀 4 年（西元 862 年）開山時所建。在日本傳說中，過了三途川後就是冥界的範圍，因此在恐山隨處都可以看到供奉許多地藏菩薩，就是為了要幫助這些迷失的靈魂。

也因為恐山被視為是人間、冥界淨土的交界，被視為「最接近死後世界的地方」，日本人相信死後靈魂都會聚集到這裡，因此許多人會來恐山祭拜剛去世的親人，尤其是孩子夭折早逝的父母會來這裡替孩子祈福，因為地藏菩薩是最疼惜小孩的神明。

平成30年 No.C 003944
日本三大靈場
恐 山
入山券
個人券
¥500
下北半島国定公園
地藏と共におわす故に淨土なり

🔸 門口六尊地藏代表了六道輪迴，六尊分別是六道的守護者。

》 極樂濱與地獄之路

由於恐山是座活火山，因此沿途遍布著凹凸不平的火山岩及溢出的硫磺。一片荒蕪、毫無生機且不時冒煙的景象，加上濃濃的硫磺味，真的像極了地獄！仔細看，這裡更細分了一共 136 個大小不同的地獄，沿途走來令人深思深省！

宇曾利湖是座非常美麗的湛藍色火山湖，周遭環繞著八座山，形狀就像是八瓣盛開的蓮花。酸性的水質讓湖水呈現夢幻的藍綠色，配上「宇曾利湖」前那片純白的沙灘，真的就像是極樂世界般的美好！讓人不禁相信，極樂世界就在湖的彼端，寧靜且神聖美麗。

一路上有各式各樣的地獄，「胎內地獄」不知道是不是墮胎孩子的地獄呢？

走過長長一段宛如地獄般的冥界之路後，映入眼中的是如獲新生般的湛藍宇曾利湖，也就是「極樂淨土」。

宇曾利湖小知識

宇曾利湖之所以會如此平靜無波，是因為它是火山湖，湖水的酸度非常高，pH 值大約在 3.3 至 3.4 之間。湖中除了「日本鯪魚」和極少數的微生物外，幾乎沒有什麼生命可以存活。

》賽河原與地藏虐

除了地獄，還有一個很特別的地方，那就是賽河原。

《在靈異教師神眉》這部漫畫中曾提及，傳說為了懲罰那些比父母早死而未能盡孝道的孩子們，為了要贖罪（比父母早亡讓父母傷心），

必須在賽河原疊石頭塔，且要疊滿 100 顆（另一說是疊得比自己身高高），才能離開賽河原，到達宇曾利湖對面的極樂世界，這也就是為什麼在恐山隨處可見到小石塔的原因。

只是，會有一隻叫做「地藏虐」的妖怪出現，不斷地破壞孩子們快要完成的石塔，讓孩子永遠沒有堆完的一天，所以「賽之河原」在日文中也用在「徒勞」和「得不到回報的努力」之意。

因此家中有早夭孩子的父母們都會來到恐山，幫自己的孩子堆石塔，並在小石頭上寫下孩子的姓名，放上孩子喜歡的玩具陪伴，以及小地藏來庇佑孩子不受妖怪的欺負。

另外，在恐山隨處可見的風車，是用來代替鮮花，希望孩子快快進入輪迴、早日投胎的習俗。凡是來到恐山的人們，只要看到路旁有石塔，也都會幫忙順手往石堆上放石頭，希望孩子們能快快完成石塔，不再受苦、往生極樂！

來到這裡有一種特別的感覺。覺得能在活著的時候就到生命的終點走一趟，反而能讓人好好沉澱、反思自己的人生。從地獄路的害怕、懺悔，到看見象徵極樂，美到不像現實的宇曾利湖時，真的會讓人豁然開朗。走過了「生命的起點」，再來到「生命的終點」，就像走了一趟人生跑馬燈，讓我更加珍惜活著的每一刻。

恐山靈場

■ 地址：青森県むつ市田名部宇曽利山 3-2

跟藝妓來一場晚餐之約

京都，不只是日本學生心中的修業旅行票選 NO.1，更是台灣人喜愛的旅遊聖地。來到京都除了穿和服過乾癮之外，更多人喜歡到清水寺和花見小路一帶去看活生生（？）的藝妓。

只是，美美的藝妓，豈止是看看就能過癮的呢?!

》 藝妓是什麼？

藝妓，用現代話來說其實就是表演工作者，以舞蹈、演奏為主，並在酒席之間擔任服務高官貴客的重要角色。

一名合格的藝妓必須「才色雙全」；「才」是指藝妓必須學習舞蹈、樂理、樂器等各種技藝，而「色」指的並不是要長相漂亮，而是言行舉止是否溫柔典雅，讓人賞心悅目。她們必須學習與客人的應對、進退得宜、掌握用餐氣氛與節奏。

藝妓在日本是非常體面的職業，現在京都真正的藝妓不超過 70 個。在日本的傳統中，沒有人引薦是無法見到藝妓的，更不用說和藝妓享用一頓晚餐，因此藝妓一直都是大家心中神秘且高雅的嚮往。

藝妓是賣藝不賣身，有在賣身的叫花魁喔！

》 藝妓晚餐之約

隨著觀光發展，京都慢慢有不少地方開放讓一般人體驗「藝妓晚餐」（多是較高級的懷石餐宴會所），和藝妓來一場優雅的晚餐之約，體驗正統的花街文化。不過品質與內容落差甚大，從 10000 日圓到 40000 日圓不等。我最後選擇的是在八阪神社南側口的「祇園烟中」，它是非常有名的旅館與京料亭。

會選擇這裡，除了京料理有名之外，晚宴表演還會有舞妓、藝妓各一名輪流到席間服務，跟賓客交流，重點是還有英文翻譯，非常周到（我絕對不會說席間各種酒類無限暢飲也是選擇原因之一）。雖然費用挺可觀的，大約是一人 18000日幣，比我吃米其林二星餐廳還貴……但絕對值得。

不知道是不是因為單價較高的關係，參加的大多是歐美旅客，每桌從 2-6 人不等。跟我同桌的是一對義大利情侶，整場餐會可說是非常國際化（笑）。入席之後，台上會有一名藝妓與一名舞妓（尚未成為藝妓的練習生）搭配傳統的三味線一同表演，她們行雲流水般的舞蹈動作真的非常優雅迷人，親眼看到才能感受其中的文化精髓與感動。

在表演期間送上的京料理也非常有看頭，食材風味和擺飾都非常優雅，內容一點都不馬虎。而且各式酒類（啤酒、清酒、日本酒）都無限暢飲～（再次強調）

懷食便當　　　　　　　　酒類暢飲

》 直擊藝妓 Q&A

在我內心千呼萬喚下，藝妓們終於來到這一桌！在這專屬於我們的 15 分鐘內，有什麼問題或好奇的事都可以向藝妓們發問，翻譯也會隨桌移動。

首先接受拷問的是正式的藝妓，我也終於得以將深藏心中的疑問提出：「你們的頭髮是真的嗎？這樣要怎麼洗頭？」（我知道很蠢可是我好想知道）

　　沒想到她的回答真是出乎我的意料：「從臉妝到髮型都是自己打理；有些藝妓是假髮，但我的是真髮。因為梳一次頭髮非常麻煩，所以一個禮拜才洗一次頭。」什麼?! 一個禮拜 !! 恩……雖然很環保省水……但……（瞬間默默退了兩步）

　　另一個問題就是到底要怎麼區分舞妓和藝妓呢？其實從外觀就能判斷喔～

舞妓：
真髮，髮飾鮮豔
有大量垂墜裝飾。垂墜
愈長表示年紀愈小。

舞妓：
口紅僅塗
上唇或下唇。

舞妓：
衣領以紅底印花為主，年齡
愈長，花色愈素雅。

藝妓：
假髮(也有真髮)，
髮飾簡單素雅，
表示藝妓靠內在
和技藝吸引人，
不靠華麗裝飾。

藝妓：
口紅塗滿

藝妓：衣領純白。

53

舞妓

和服為振袖長度較長,衣擺拖地,衣腰帶較長,稱筆帶,最長可至5米。

藝妓

一般和服,以黑色底或素色為主,優雅大方,袖子較短,衣擺不拖地,腰帶結短而俐落。

舞妓:木屐高十公分。
藝妓:正常高度。

簡單來說妝飾穿著越華麗的就是舞妓,而已經有豐富內涵的藝妓,則沒有過分的妝點。

另外一位則是尚在實習的舞妓,今年才 16 歲。她說成為一名藝妓是從小的夢想,原因也很簡單,純粹就是因為覺得漂亮。但是藝妓之路非常辛苦,必須先經過長達一年(看情況增減)的磨練,「一開始還不能學才藝,什麼打雜的工作都要做,並且對前輩完全服從。」很多少女藝妓在這一關就嚇得止步了,而且這一年也是你唯一夠逃跑的機會……。

「正式當上舞妓後就不能跑囉!」因為媽媽桑會開始在你身上投入大量的資金,從文化、禮儀、語言、裝飾、詩書、琴瑟,到鞠躬、斟酒等等,什麼都要學,生活費加上學費聽說要超過台幣上百萬,才能成就一名藝妓。(如果要離開就要想辦法還清這些債務,根本就是無法回頭的職業呀!)

>> 超歡樂飲酒遊戲

除了有趣的藝妓問題大揭密，最好玩的應該就是席間的飲酒遊戲了！遊戲共有兩個，在藝妓們的帶領下，不分國籍大家都玩得超開心！

第一個遊戲很簡單，是個比反應的遊戲。基本上要贏過訓練有素的藝妓並非簡單的事，除非她放水⋯⋯

瞧瞧大家無論輸贏臉上都是滿面笑容！

要是客人輸了，藝妓就會用甜甜軟軟的聲音勸酒「喝吧～喝吧～」（聽到那聲音想推酒都很難）。她們非常會掌控現場的氣氛，也不至於讓客人太嗨到鬧事，手段非常高明！這也是藝妓高段與否的差別。

我也上去玩了一番。很幸運的是藝妓姊姊放水讓我贏；客人贏了之後藝妓會自罰一杯酒，還準備了小禮物贈送喔：）

跟著節奏輪流拍打桌上小木盒，當一方取走小木盒時，另一方就要改以握拳的方式敲桌面，看似簡單卻非常考驗反應！

藝妓預約小知識

因為藝妓人數稀少，所以她們的名字也都很特別。只要照著「花名刺」（藝妓的名片）上的名字和料亭名稱，就一定可以找到人。

第二回合的遊戲很像是「棒打老虎雞吃蟲」，差別只是用身體語言來表達。在屏風後面先想好動作，走出屏風的瞬間勝負就會揭曉～

客人對決時藝妓也會在一旁偷偷跟你商量作戰計畫，幾乎人人都有機會上台玩，氣氛實在是太開心了！

我很幸運地一共上台玩了兩次。這一回合我對上的是個完全搞不清楚狀況還喝得有點嗨的義大利人，所以當然又是順利得勝～

兩個多小時的晚餐吃得大家不亦樂乎，成為京都行最美好的記憶之一。宴後大家可以去找藝妓拍照，最後我要求想跟大家來一張裝可愛照，藝妓們也很大方地配合，但一旁彈三味線的奶奶就……

祇園烟中 GionHatanaka

■ 地址：京都市東山區祇園南側 505
（八阪神社南側口）

■ 預約電話：075-541-5315

■ 網站：http://www.gionhatanaka.jp/
maiko/about.html

奶奶表示：「你到底在幹嘛!!」

日本末代武士【武士道體驗】

想到京都，除了溫柔美麗的藝妓之外，另一個會想到的就是帥氣威風的武士！武士和藝妓都是非常神秘且不輕易外傳的職業，但為了因應大批的旅客，京都（東京也有）也開始推廣各種文化體驗課程，武士就是其中之一。

》武士見學

samurai-kembu 武士劍道教室就位在地鐵三条站附近，我選擇的是兩小時的劍道課程＋扇舞教學表演，當然還要加上帥氣的武士服，費用總共是 9000 日幣（稅入）。實際上完課大概花了兩個半小時左右，但課程解說好像只有日語和英語，不過他們知道你是台灣人的話會非常興奮喔（笑）。

位於 B1 的教室空間很大；前方是表演舞台，後方則是像舞蹈教室的整片大鏡子（矯正姿勢用）。首先，老師會先播放一段關於劍道和武士的介紹影片，包含歷史文化，接著讓你挑選服裝（上下裝可任意搭配），由專人一邊講解一邊幫你著裝。

衣服一穿上去，像不像都有三分樣了。

不同於和服，武士的腰帶雖然也繫在肚臍下方，但位置要再低一點，綁得很緊，因為這是固定配刀的重要關鍵。

接下來老師會根據你的性別與身高幫你挑選一把刀！（到這邊就已經快被帥暈了）這裡用的可都是真刀，拿起來滿有份量的，不過沒有開鋒過，所以相對也比較安全。

今天的同學是來自歐洲 70 多歲的武士迷阿伯～

≫ 武士刀練習

首先要先學習如何掛佩刀，畢竟這可是武士最重要的生命！原來武士刀真的是要插在腰帶之間，然後用拇指扣住刀柄，鎖住刀子！就連平時握刀的手法也有秘密，為的是不讓敵人輕易地搶拔佩刀！

平日指扣住佩帶刀柄以拇。

拔刀時以拇指推開刀柄。

手腕內拗，刀柄向內，刀刃朝上。

平時

手腕轉正，刀柄向外，刀刃朝下。

拔刀時

再進階一點，我們開始學習各種刺、砍等殺陣動作。面對大鏡子，老師會要求我們一定要跟著刀的動作大聲將氣喊出來「喝！」，這也是武士精髓的一部分，既是「氣」也是「勢」，必須到足以威嚇對方的程度。一開始還有點害羞，但在老師的帶領下，會越練越帥氣。

砍完之後還有一個甩刀的動作。這可不是為了耍帥，在古時的用意是將刀上敵人的血甩去，才收進刀鞘。老師還特別提醒「甩刀有一定的幅度，別甩得太低……因為砍到地板，教室的地板會壞掉啊！」

其他還有向領主表示尊敬，奉刀時刀鋒必須朝向自己，或是哪一種刀法是用在什麼情況等專業知識，讓人大開眼界。可惜我當時太認真上課了，忘了問老師切腹要怎麼切？（喂～）

老師才一說完，我就把地板砍出一個洞了……對不起！

劍道課程上完後，老師會表演一套劍舞，融入剛剛教過的所有動作。學過動作之後再看舞蹈，更能融入其中。BUT!!老師接著請我們上台練習，跟著音樂一起表演一次。而我的舞蹈表演……大家笑笑就好，就別太認真了吧（笑）。

一對一的細微教學，更能了解武士文化。每個動作都富有意涵，很推薦大家親自體驗。

≫ 教你秒懂「扇舞」

老師還一人發了一把扇子，幫我們上了一堂基礎扇舞課。除了拿劍之外，在表演中也很常使用扇子來演出，因此第一步就是要先學會怎麼正確拿扇。

原來扇子並不只是漂亮的妝飾，每個動作都是有象徵意義的。尤其看懂扇舞，就能看懂舞蹈中訴說的故事。

▲
扇子正確拿法：以拇指壓住扇子的中心軸，再以其他四指支撐在扇子後。

像是扇子拿在身體兩側，由上往下輕扇，表示風；左手打橫，扇子由手臂前升起，表示太陽；反之，扇子如置於手臂後方，表示月亮等等，真的非常有趣。下次再看到日本的劍舞和扇舞，就能從這些動作裡，理解整個舞蹈中所講述的故事內容了～看戲技能 GET ！

最後，工作人員也會指導幾個帥氣 POSE 幫你拍照，並且免費洗一張出來給你留念！既然都正式上課，也通過了劍舞表演的考試，結業證書是一定要有的，讓這次武士見學留下難得的紀念。

samurai-kembu Kyoto

■ 地址：東山区三町目 35-7 ネオアートビル B1F

■ 預約網站：https://www.samurai-kembu.jp/kyoto/index.html

▲月升：
扇子在手臂後方表月亮（升/落）。

▲日升：
扇子在手臂前方表太陽（升/落）。

59

京都夏日最佳景點【貴船】

京都是台灣人最愛去的城市之一，但我最喜歡的京都景點不在市區，而是在有些偏遠的「貴船」，而且貴船有許多「夏日限定」，可以說是京都夏天最佳的去處。

≫ 貴船神社

貴船神社歷史久遠到不知道是何時創建的，但根據神社內的記載，在 1300 多年前就有過維修的記錄，因此推測約在 1600 多年前就已經創立。

傳說神武天皇（日本第一代天皇）的母親「玉依姬命」當初乘著「黃船」來到了貴船，並在這裡建立神社祭祀龍神「高龗神」，也就是水神。據說「高龗神」是所有龍神中威力最強大的，掌管了雲雨、河川和水。

貴船神社的奧宮，就是當初「玉依姬命」停靠船的地方，而奧宮內的「御船型石」，則是當時乘坐的那艘船。

每年的 6 月 1 日，是貴船最有名的「貴船祭」，又稱做「虎杖祭」。一年中只有這天神秘又尊貴的龍神會離開神殿，坐上金轎朝奧宮的方向前進巡視。

≫ 結緣的戀愛聖地

但除了掌管水的本宮與奧宮之外，貴船神社也是有名的「結緣神社」。在結社（中宮）祭祀的是緣分之神「磐長姬命」，也稱做「石長比賣」。

在日本神話傳說中，「磐長姬命」有個非常漂亮的妹妹「木花開耶姬」，她的美貌吸引了天照大神的孫子「瓊瓊杵尊」（日本第一代天皇神武天皇的曾祖父）而前來提親。

（妹）水花開耶姬　（姐）（磐長姬）石長比賣

姊妹倆的父親「大山津見」希望能將她們同時嫁給瓊瓊杵尊，但瓊瓊杵尊卻因為看到磐長姬命長得不漂亮而將她退婚，只選擇跟美麗的木花開耶姬結婚，磐長姬命因自己的感情受挫，從此特別眷顧感情不順的人，因而成為當地的結緣之神。

大山津見不捨女兒被退婚羞辱，於是最強老爸便對瓊瓊杵尊下了詛咒：「我之所以一起送上兩姊妹，是因為石長比賣（磐長姬命）能使天神之子的生命像磐石一樣長久且堅韌；木花開耶姬則能讓天神之子的生命如木花（櫻花）般燦爛盛開。但今天你卻選擇將石長比賣退還給我，那麼之後天神御子的生命便有如木花一般，美麗燦爛，卻稍縱即逝！」（是詛咒孫子的意思？）因此日本人認為，到現在為止天皇大多不長命，就是因為這個詛咒。

酒 神 小 知 識

木花開耶姬嫁給瓊瓊杵尊後生下了孩子，雖然老爸不喜歡瓊瓊杵尊，但孩子的誕生仍讓大山津見非常開心，因此釀造了「天甜酒」奉獻給八百萬諸神一起分享喜悅，是日本最早的釀酒紀錄。大山津見也因此被日本人奉為「酒神」和「酒解神」，意思是想要喝酒不會醉，拜他就對了～（笑）

梅宮大社連門口都放滿了酒，裡面還有更多。

京都的梅宮大社就是供奉「酒神大山津見」，許多釀酒廠都會將自家的酒供奉在這裡。每年農曆新年梅宮神社也會將用來供奉酒神的自釀甜酒分送給民眾喝，以求平安。（是保佑不要喝醉嗎？）

除此之外，梅宮大社也是京都著名的貓神社。這裡收留了10多隻流浪的貓皇，愛貓的人千萬不要錯過！

≫ 戀愛水占卜

貴船神社是京都著名的三大戀愛神社之一，另外兩個分別是「戀愛地主神社」和「野宮神社」（戀愛地主神社請參考「兔子幫你談戀愛」p.186）

貴船神社最有名的，就是由水神掌管的「水占卜」。從一疊空白紙籤中挑選自己的本命籤，然後拿到神社中的神池向水神詢問問題，將紙籤輕輕放到水面上⋯⋯答案就會慢慢浮現。

是不是超神奇的！跟島根八重垣神社的「鏡池占卜」有點異曲同工之妙（請參閱八重垣神社 P.168）。而且就算看不懂籤文也沒關係，現在只要掃一下紙籤上的 QR code，就可以看到各國語言的翻譯。

≫ 繪馬發源地

一走進貴船神社本宮，就能看到兩匹馬的雕像。

相傳古代如果要祈求下雨，就要向龍神獻上黑馬，祈求放晴就以白馬獻祭。一直到平安時代後慢慢演變成在木板上畫上馬的圖案，被認為是「繪馬」的雛型，所以貴船神社也被認為是「繪馬」的發源地喔！

≫ 日本最恐怖傳說

有看過日本恐怖故事或是漫畫《陰陽師》的人，對於日本最恐怖的傳說「丑時之女」一定不陌生。身穿白衣、滿臉通紅，頭上戴著插上三支蠟燭的倒掛鐵輪，在半夜丑時（晚上 1-3 點）於神社裡把稻草人釘在御神木上詛咒，靠著怨念殺死人。而且進行詛咒時絕對不能被別人看到，如果被看見而沒有殺死目擊者，自己反而會受詛咒而死。

丑時之女的起源，傳說就是在貴船神社！

一個被丈夫拋棄的女人，跑到貴船神社的御神木釘稻草人，想對前夫跟小三進行詛咒。在詛咒生效前的七天，前夫每晚都做噩夢非常痛苦，於是找上陰陽師安倍晴明求助。到了第七天，帶著詛咒的使者要現身殺死前夫時，卻被陰陽師的法術阻擋而失敗，詛咒因此反彈回到了女人的身上，女人被詛咒反噬，最後死在水井。

那棵被用來下詛咒的御神木，就是貴船神社中最有名的夫妻樹「相生の杉」。兩棵杉樹根部相連、樹齡超過千年……沒想到在其浪漫背後，竟然有著這麼暗黑的故事。

📎 相生杉是一個很仙的拍照熱點。

貴船神社

■ 地址：京都市左京区鞍馬貴船町 180

》川床料理

京都夏季限定的不只有貴船祭，更吸引人的就是 6-9 月才有的「川床料理」。店家會直接在河床上架設座位，河水就在座席下潺潺流動。

有些席位甚至能將腳伸進河川中，一邊感受著潺潺流水的清涼感，一邊享用著季節性的傳統料理，既風雅又消暑，是夏季才有的頂級享受！

這跟著名的「納涼床」很像，但納涼床料理是在距離河邊 3 公尺以上的地方，架起戶外座位，讓客人一邊眺望河川一邊享用美食，在京都市區的鴨川可以看見這樣的景象，也是夏季限定的特色活動。

》 流水涼麵

不管是川床料理或是納涼床，共同的特色就是不便宜！如果預算不足，也可以選擇另外一種夏季限定－只要千元（日幣）出頭的「流水涼麵」！

吃麵競同作戰

紫蘇口味

在許多日本卡通都有出現過的流水涼麵，用剖半的竹子當作滑水道，讓麵線在冰涼的水中順著流下來。大家都圍繞在滑水道旁，等著隨時夾起流過自己眼前的麵，在第一時間享受最冰涼的口感。這是很多日本人嚮往的夏日活動，雖然現在已經很少見了，但在京都的貴船ひろ文餐廳還是能體驗得到。

BUT！想優雅的吃流水麵真的是很難的事！因為水流速度其實很快，一坨還沒吃完又來了一坨，錯過一坨又被搶走一坨，坨坨相撞，坨坨夾不到！

所以吃流水涼麵對於我這種手腳不協調、反應慢半拍的人來說，是非常需要全神貫注，沒有具備快、狠、準是絕對吃不到的！但總結是非常有趣的體驗，跟川床料理一樣 6-9 月限定，千萬不要錯過！

ひろ文

撞

■ 地址：京都市左京区鞍馬貴船町 87

日本有動物的城市實在不勝枚舉，大部分都很平和可愛，只有少數幾個地方例外，例如奈良的鹿。然而，比奈良鹿更可怕的就是嵐山猴……來到嵐山基本上可以玩一整天，玩法有太多種，以下提供我的玩樂路線給大家～

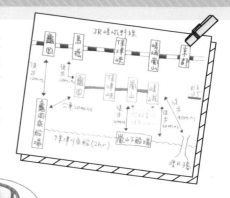

嵐山小火車

說到嵐山，一定不能錯過著名的「嵐山小火車」。以超復古懷舊黃紅色塗裝的小火車為柴油火車，路線行經山谷之間，因此可以看到整片壯闊的山景，不同季節都有不同的美感。大家最喜歡的就是秋天的楓葉季，整片山頭被染得火紅，畫面非常漂亮！

當然，選座位也是很重要的！有開放大窗戶的是第一到第四節車廂，在 JR 綠色窗口或網路上都可以買到。最好的位置是靠窗，至於座位的單雙號只是左邊與右邊的差異，雙數位是前半段視野較好，單數位則是後半段，不過這些位置都比不上「神秘的第五節車廂」。

第五節車廂是完全沒有玻璃的「無敵全景座位」，可以感受微風迎面吹來，冬天還會派出煤炭暖爐小火車，聽起來超夢幻的！不過票真的超難買，不但只能現場購票，遇到下雨或下雪也不會開放，一整個就是考驗人品的時刻。

　　我選擇從嵐山小火車的「龜岡站」上車往嵐山方向，然後從嵐山走到嵯峨，再走回渡月橋。這一段步行會經過幾個大景點如「竹林道」、「天龍寺」、「野宮神社」、「清涼寺」等等。我自己很喜歡竹林這段路；兩排竹林非常壯觀，寧靜的氛圍滿滿仙氣，這裡也是電影「臥虎藏龍」與「藝伎回憶錄」的拍攝場景之一。而若想祈求戀愛的男女，則可以來馳名的「野宮神社」參拜。

》 像個江戶旅人一樣

　　從竹林一路往山下走，會來到保津川，這裡有間看起來很像時代劇中的小店，非常推薦坐在戶外的樹下榻榻米座，來碗烏龍麵，一邊吹著微風，一邊欣賞保津川美景。不時還可以跟乘著小舟順流而下的遊客們打招呼，真的很像時代劇中江戶的旅人一樣，走累了就在小店外休息喫茶，非常風雅。

》 嵐山搶匪公園

　　在渡月橋旁的「岩田山」，春有櫻花、夏有綠景、秋有楓紅、冬有雪景，四季去都漂亮到可以佔滿你的相機記憶體。

　　但就在約 160 公尺的岩田山山頂，有個非常有名的強盜公園……啊，不對，是猴子公園，裡頭有超過百隻以上的野生日本獼猴（也就是雪猴）自由自在地在那裡生活，沿途也有各種關於猴子的介紹。

山頂根本就像是猴群的交誼廳，大家沒事都會來這裡聚集。能夠近距離看到可愛的猴子家族（特別是小猴子），真的非常療癒！看牠們互相抓身體、玩一玩就翻臉吵架、吵完又一起來要食物，真的讓人覺得又可愛又好笑。

在猴子公園中沒有一隻猴子是被關起來的，牠們看起來都非常開心自在，唯一的籠子，其實是用來隔絕人類的……。

為什麼會這樣呢？其實是因為這些可愛的猴子其實超可怕；牠們一點都不怕人類，如果你站在戶外隨意拿出食物，絕對會被猴子群起搶劫。我甚至還看到有隻大猴子為了搶遊客給的食物，硬生生把一隻小猴子從高高的站台上推下去……超幻滅的！

因此，為了保護人類，園區總是一再提醒：

1. 不要直視猴子的眼睛，這對猴子來說是非常挑釁的行為！

2. 不要觸摸猴子。

3. 不要隨意拿出食物。

4. 請保持猴群 3 公尺的距離。

5. 千萬不要隨意蹲下。

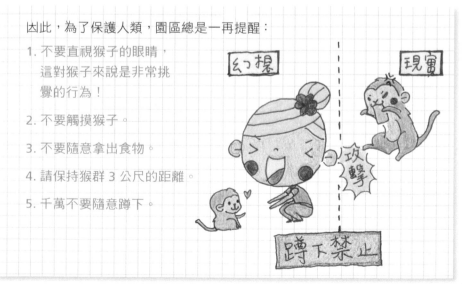

如果想要餵食，只能在小木屋中隔著鐵網餵食公園準備的食物（香蕉、蘋果、花生）。在小木屋外看到的可愛猴子，進到小木屋隔著鐵網，牠們瞬間就變了一張臉……

想吃東西的猴子們會蜂擁跳上鐵網，然後用一種「食物快給林北拿來」的表情朝你伸手。你只要稍稍靠近，猴子們就會非常有力且迅速的搶走你手中的食物。如果一隻的話也就算了，偏偏在這裡，是一大群猴子一起盯著你……讓人冷汗直冒壓力超大！

不過能在大自然中近距離接觸猴子們，不用看到牠們被關在動物園還是非常開心。同時，這裡也是眺望嵐山的絕佳好地方！放眼望去整個市區跟山景都映入眼中，加上清新的空氣和燦爛陽光，讓人頓時心曠神怡。搭配猴子們玩耍的可愛模樣，心情輕鬆指數瞬間滿點。

嵐山猴子公園

■ 地址：京都市西京區中尾下町 61
■ 營業時間：9:00-17:00（因季節期間而異）

浦島太郎的故鄉【丹後・浦嶋神社】

　　在日本民間故事中，浦島太郎因為救了一隻被欺負的海龜，而被海龜載到海底龍宮作客三天。離開龍宮時，龍宮乙姬給了浦島太郎一只「玉手箱」，並叮嚀浦島太郎千萬不能打開。上岸後，浦島太郎還是忍不住打開了箱子，瞬間一陣白煙瀰漫，浦島太郎變成了一個老頭子，這才知道龍宮的三天，岸上已過了三百年。

　　日本許多地方都號稱跟浦島太郎的傳說有關，不過京都伊根町，是最早傳出這故事的地方。

》 浦嶋神社

　　浦島太郎並非是神話，根據日本考究是真實存在，出現在《丹後國風土記》中，是目前最古早的真實民間傳說人物！參觀過「琴引濱鳴沙文化館」後才發現，丹後真的常有海龜出沒，我想，這也是為什麼會有浦島太郎傳說出現的原因，而在丹後，也有兩間跟這傳說相關的神社。

　　今天要介紹的這間，是為了祭祀浦島太郎而建的「浦嶋神社」。一直保佑著當地漁民豐收和出海平安，是一個把浦島太郎當作丹後媽祖的概念。在神社大殿還可以看到供奉了一個「超大的海龜殼」，讓浦島太郎的傳說顯得更為真實！

↑ 龜殼

就連神社內都有賣保佑出海平安的木雕神龜，再次讓人感受到日本環境、文化與傳説緊密的連結性。所有傳説都有跡可循才讓人更覺得真實，也更有追尋的樂趣。

建於平安時代西元 825 年的浦嶋神社真的非常具有「歷史感」，破舊到都快長出靈芝⋯⋯。不過它在平成 25 年 11 月被登錄為日本國家有形文化財，神社更預計在 2025 年時重新修建，並同時慶祝建立 1200 年！是個非常可愛的小神社，有路過丹後，可以來參訪一下這個可愛的小神社，並找尋日本傳説的痕跡！

浦嶋神社（宇良神社）

■ 地址：京都府与謝郡伊根町本庄浜 141

會唱歌的沙灘【琴引濱鳴沙文化館】

京都固然好玩，但是上邊的京丹後也有非常多有趣的景點。最廣為人知的行程，應該就是住在伊根水上舟屋村落，享用有名的鰤魚、牡蠣和間人蟹。但其實丹後還有一個很特別的地方，帶大家來看看～

≫ 會唱歌的沙

丹後有一片沙灘，看起來跟其他沙灘沒什麼不同，但最特別的地方就是聽説它「會唱歌」！琴引濱是日本最大的「鳴沙沙灘」，綿延約 1800 公尺；一開始聽到沙灘會唱歌，心裡第一直覺就是「一定又是噱頭！騙人的！」

舒服寧靜的琴引濱沙灘

琴引濱真的滿遙遠的，我抵達的這天一個人都沒有。可能是唯一的觀光客，因此有個當地阿伯熱心地示意要帶我們「聽沙唱歌」。跟在阿伯身後，只見他一腳踩上沙灘的瞬間，「噗啾…啾…啾…」沙灘竟然真的唱起歌來了！

但不知道為什麼，我踩上沙灘時卻安安靜靜一點聲音都沒有，沒想到阿伯一邊偷笑，一邊得意的捧起一把沙，輕輕一擠，「噗啾…啾…啾…」沙子居然又發出聲音了！

只能説要讓沙唱歌，真的很需要技巧！這似乎是跟摩擦和力度有關，抓到技巧後，整個沙灘怎麼踩怎麼有聲音，一步、兩步……每一步都像是沙灘在陪我唱歌一樣。面對寧靜寬廣的大海，真的好像在拍 MV 一樣，超浪漫～

而另一區叫做「太鼓濱」的地方，踩起來不是輕快的唱歌啾啾聲，而是像打鼓一樣的「咚咚」聲，後來才知道原來是因為在沙灘下 20 公分處有一塊大岩板，所以才會發出這樣的聲音。

到底為什麼沙灘會唱歌？沙灘旁的「鳴沙文化館」可以找到答案。

》 鳴沙文化館

鳴沙文化館有兩層樓，規模不大卻很有趣！

1 樓可以看到關於唱歌沙灘的大解密，原來秘密就是這些被稱作「鳴沙」的沙子。琴引濱的沙含有 75% 的石英成分，摩擦時因為震動原理所以會發出聲音。

但是全世界不只日本有鳴沙，其他地方的鳴沙石英含量不同，因此發出的聲音高低也不同。像是澳洲的鳴沙石英含量接近 100%，因此聲音超高超刺耳！（澳洲的沙灘應該稱為「會慘叫的沙灘」吧 σ(￣▽￣)σ）

館內也放了不同石英含量的鳴沙，組成了一個音階列讓大家親自體驗，厲害一點甚至可以用鳴沙來彈奏一首歌喔！

鳴沙加水後搖晃會立刻沉澱，水質乾淨清澈，因此鳴沙沙灘看起來更透明美麗。

超訓練眼力的「尋找貝砂」體驗。

這裡也有尋找貝砂的體驗，乍看之下像一把沙子，但仔細看竟然是比沙粒還小的貝殼！貝殼小歸小，但認真看其實都很漂亮呢！

文化館中也有提到關於鳴沙至今未解之謎！那就是日本的鳴沙沙灘基本上都呈一直線分布，就連附近亞洲國家擁有的鳴沙，也不知為何是呈現往同一個方向的直線分布，讓人感覺鳴沙一定還藏有人類不知道的秘密！（會不會是跟地球神秘的力量有關～？）

　　2 樓則是跟琴引濱地區相關的各種資料，最令人震驚的就是展示了各式各樣在琴引濱發現的物品，從菊石化石到海漂垃圾無所不有，而且其中有好大一部分是台灣的打火機（？），讓我非常不能理解……。還是呼籲大家要隨手帶走自己的垃圾，不要留給大自然～！

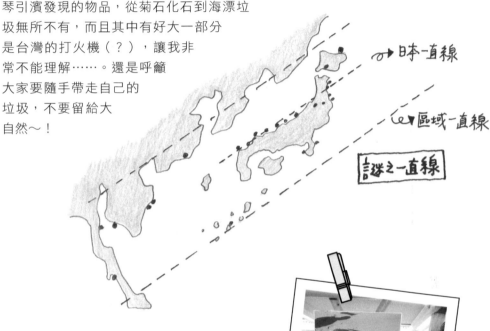

日本-直線

區域-直線

謎之一直線

≫ 龍宮使者

　　2 樓展區還有一個最讓我印象深刻的部分。可能是因為琴引濱的沙質非常好，水域也乾淨，因此這裡常有海龜出沒，館中記錄了許多關於海龜的資料，也難怪丹後會有浦島太郎的傳說出現，肯定跟這有關。

　　出沒在丹後的眾多標本中，出現了一隻很巨大，跟小學生一樣高的海龜；光是背甲就長達 110 公分、寬 60 公分、體重約 110 公斤，預估 5 歲左右。

　　　　　　　　　　🐢 死亡的海龜被做成各種標本
　　　　　　　　　　　　展示，一隻比一隻還大！

但這隻大傢伙其實叫做「革龜」，也叫做「稜皮龜」，是海龜中體型最大的，約要 30-40 歲才算成年（這隻根本就是小小小幼龜）；成年後可以長達 3 公尺，重 800-900 公斤！而且革龜背上的殼跟一般海龜不太一樣，不是硬硬的角質板，而是較柔軟的革質皮膚。

　　革龜還有個很響亮的稱號－「吃水母機器」。每 100 公克的水母大約有 22 卡路里，所以若以革龜每日的營養需求算來，牠一天大概要吃 100 公斤左右的水母……真是太嚇人了……

▲曾武現在丹後的超大海龜，光是背甲就長達 110cm，寬 60cm，重 110 公斤！

重點估計才 5 歲，根本還沒成年呀！

鳴沙文化館

■ 地址：京都府京丹後市網野町掛津 1250 番地

■ 時間：9:00 – 17:00

師傅我想做壽司【壽司體驗】

日本有句諺語是這樣說的：「京の着倒れ、大阪の食い倒れ、江戶の飲み倒れ」。意思是京都講究穿著，要穿得漂亮迷倒眾人；大阪注重吃，要在大阪吃到飽；東京則是要喝到醉倒！

入境隨俗，來到大阪當然要從吃的文化開始認識，所以，師傅！我想要自己做壽司！

》 壽司見學之旅

關西有很多烹飪教室活動，甚至還有壽司學校可以體驗。這次我選的是位在赫赫有名的道具屋筋商店街裡的壽司教室，而道具屋筋本身就是餐飲人的大本營，在大阪如果你想要開餐廳做生意，只要來一趟道具屋筋，就可以把鍋碗瓢盆全備齊。

這趟學習之旅分為兩部分，首先老師先帶我到道具屋筋最有名的一家刀具店－「一文字廚具」來上課。最基本要先簡單認識日本料理所使用的刀具，他們家的刀具頗負盛名，光是店內據說就有超過千種樣式。

接著，就要去專門制服店領取我們的工作服啦！拿到制服後繼續往深巷內走，就到了我們今天的目的地－壽司店。

今天的老師雖然看起來呆呆的很年輕，但成為正式的壽司師傅卻已經有 3 年時間。穿上工作服、綁上頭巾，咱們就要正式開始啦！

這種巷內小店感覺就很厲害！

》 神奇日料世界

日料博大精深，不過今天我們要用一堂課的時間，教你如何成為一個「可以勉強過關的日料小達人（？）」。首先師傅先示範刀的使用方法。切生魚片在日本料理中可以說是最重要也最基本的功夫，有很多要注意的事情，師傅也會教你觀察魚肉的紋理再下刀，不過最讓我恍然大悟的是「生魚片的切法」！

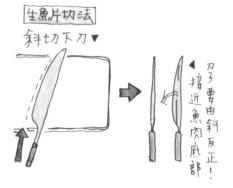

生魚片切法
斜切下刀▼

◀刀子要由斜反正！ 接近魚肉底部！

魚肉橫切面，底部是正切才能站穩！

看起來簡單的動作，其實真不簡單。魚肉不是切得太薄就是太厚，光是切魚我的靈魂就快要去了一半……。況且這些都還只是皮毛而已，果然是台上十年功，台下練到會發瘋。

學完基本刀法後，接下來要進入握壽司的部分。師傅說其實握壽司只有短短的三個步驟，但是手勢和其中技巧沒有幾年功夫是學不來的！好的師傅要能做到力道、速度一次到位，不讓手中的溫度影響魚肉和飯的口感，每個小細節都是真功夫。

我竟然蠢到拍花枝當範本！根本看不到啊！

很多人都以為握壽司的醋飯要用冷的，但實際上醋飯不但要使用熱的，還非常講究溫度。米飯大概要和人體溫差不多的 37 度，而生魚片則是在 5 度左右，入口才能達到冷熱完美平衡。尤其醋飯的比例更是每一家的商業機密，真的是很深奧。

過程中店內的其他人員也會過來關心你的狀況，不用怕被冷落。整堂課雖然都是以日文講解，但是對我這種完全沒有日文基礎的人都能懂了，大家絕對可以放心不會太難。

最後還有一項捲壽司。「欸～安啦～這超簡單我在家常做！」歹勢，事情沒有所想的這麼簡單！就連超簡單的捲壽司都有眉角；怎麼做可以最漂亮、什麼時候要轉個手勢等等，都是師傅們多年的心得與技巧，一定要親身體驗後才能感受最深。

整堂課我師傅的師傅（老師傅）都在旁邊呈現一種姨母笑的歡樂表情，我想，可能是覺得年輕師傅終於可以獨當一面，甚感欣慰！

體驗完日本美食的精髓之後，當然不能錯過品嚐這個步驟。這時候老師傅會送上另一份日式便當和味噌湯，再加上自己做的那一份握壽司，就是一頓完美的午餐。有點深度又不會太困難的手作體驗非常有趣，大小朋友都很適合參加喔！

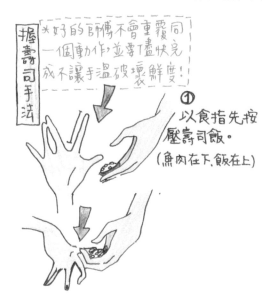
握壽司手法
＊好的師傅不會重覆同一個動作，並要「盡快完成不讓手溫破壞鮮度！
① 以食指先按壓壽司飯。
（魚肉在下，飯在上）

② 以食指.中指.拇指將反過來的壽司捏出長方型。

③ 最後以拿壽司的手握住壽司的形狀，並以另一手的食指從上按壓最後定型！

🍣 這就是我親手做的壽司～感動到快流淚～

designpocket 食品模型專門店

■ 網址：http://designpocket.co.jp/
有食物模型製作、書道等多項體驗課程，僅電話預約，也可現場報名，壽司課程為 4980 日圓。

泡麵係台灣欸
【日清泡麵博物館】

→ 吳百福
→ 安藤百福
→ 呆丸郎
→ 嘉義人
→ 日清創辦人
→ 泡麵發明者

　　想到日本泡麵，相信大家第一個想到的就是「日清」。在大阪就有一間日清泡麵博物館，它同時也是泡麵發明人的紀念館，但是關於日清泡麵，其實還有許多你不知道的有趣小故事喔～

》泡麵神秘身世

　　一進到位於大阪池田的泡麵博物館，就會看見一尊手持「雞湯拉麵」的阿伯銅像，他就是世界上第一碗泡麵的發明人「安藤百福」。但，你知道嗎？其實安藤百福是正港的「台灣人」！

made in JAPAN 大賞

1位 1971年 日清杯麵

2位 SONY 隨身聽 1979年

3位 JR新幹線 1964年

4位 任天堂 1953年

5位 三菱重工 零式戰鬥機 1939年

　　安藤百福本名吳百福，1910 年出生於嘉義，23 歲到日本做生意後才歸入日籍。因為看到日本二戰後物資缺乏，許多人辛苦大排長龍只為了吃一碗熱騰騰的拉麵，他深有感觸的認為「只有吃得飽，世界才會和平」，於是從拉麵的概念著手研發改良，最後在 1958 年成功研發出世界第一碗泡麵「雞湯拉麵」。

🖎 日清杯麵超越新幹線、任天堂、零式戰鬥機，成為日本最重要的發明。

後來去美國受到飲食文化的衝擊，又將泡麵的容器加以改良，在 1971 年首次發售世界第一杯「杯麵」，成功打開海外市場。2005 年更運用真空包裝方式，為日本太空人野口聰一製作全世界第一碗「太空泡麵」。在 2000 年的「Made in Japan 日本發明大賞」中，被票選為第一名，成為日本最重要的發明！

≫ 泡麵博物館

博物館內分為展示與體驗兩區；展示區除了介紹泡麵的發展歷史外，還可以看到日清泡麵的許多小知識，其中我最想介紹的就是日清貼心的發明。

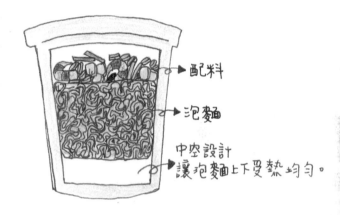

→ 配料

→ 泡麵

中空設計
→ 讓泡麵上下受熱均勻。

第一個就是「中空的泡麵杯」。日清首先發明將泡麵「卡」在杯子中間，而不是直接放在杯底的設計，知道為什麼嗎？因為這樣才能讓泡麵「全方位」浸泡在熱水裡，麵才不容易軟硬不均，是不是很貼心呢？

另一個貼心之處，就是在日清雞湯拉麵中，不知道大家有沒有印象麵體中間有個圓形的小凹槽呢？一直以為它是偷工減料（才不是！）其實這個小洞是為了拿來「放蛋黃」的，這樣蛋白就會平均溢出在四周，成為完美的雞蛋拉麵！

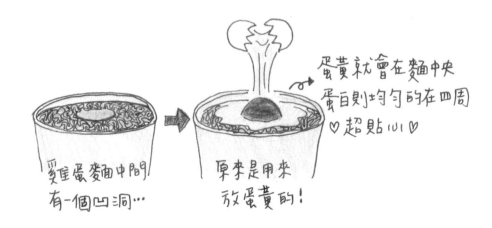

蛋黃就會在麵中央
蛋白則均勻的在四周
♡ 超貼心 ♡

雞蛋麵中間
有一個凹洞…

原來是用來
放蛋黃的！

≫ DIY 專屬杯麵

　　在日清泡麵博物館中最吸引大家的，就是可以 DIY 客製化的「專屬杯麵」。

　　只要花 300 日圓購買空白的杯麵碗，就可以畫上自己喜歡的圖案，接著選擇「湯底口味」，再從數十種配料中選擇愛吃的配料，其中最特別的就是有著小雞圖案的魚板。

　　最後封膜，這樣就完成了專屬自己、獨一無二的日清杯麵啦！

　　但如果時間允許，其實這裡還有「DIY 手作泡麵」的體驗課程。從揉製麵團到做成泡麵，大約要花一個半小時，小朋友看起來都玩得不亦樂乎。需要提前在官網預約，有機會千萬不要錯過喔！

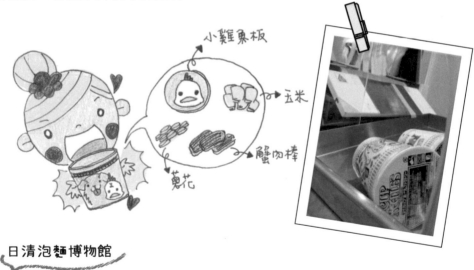

日清泡麵博物館

- 地址：563-0041 大阪府池田市滿壽美町 8-25
- 交通：搭乘阪急電車寶塚線，在「池田站」下車，步行約 5-10 分鐘可達。
- 時間：9:30-16:00 （最後入館時間 15:30）
- 休館：每週二、年末年初
- 門票：無料

來去奈良給鹿玩

日本有許多有名的「動物城市」，奈良則是其中最知名「被鹿控制」的城市。最新統計，奈良一共有 1388 頭鹿，而且全部都是野生的「日本鹿」原生種，學名 Cervus nippon。一個被鹿控制的城市，免不了許多奇怪有趣的事，就讓我們一起來看看吧。

≫ 神的使者

傳說奈良春日大社的祭神「武甕槌命」，在西元 710 年時騎著一頭白鹿，從茨城縣鹿島神宮遷移來到現在的奈良，比人還要更早就來到這裡，因此鹿被當地人視為「神的使者」，至今已經 1300 多年，奈良鹿也被視作「天然紀念物」，從以前就一直受到奈良人的重視和保護。

因為當初武甕槌命騎的是白鹿，所以傳說後腳帶有白毛的鹿就是神後代的記號，看到的人就能獲得幸運。

除此之外，日本人對奈良還有個印象，那就是「很早起」，但其實是因為……

鹿繁殖得多，當然也會有死掉的時候。奈良鹿的平均壽命約在 15-20 年左右，古時候奈良人最害怕的事情，就是早上起床發現有鹿死掉，因為鹿是神的使者，如果被發現殺了鹿或是鹿死在你家，那可是殺頭的重罪。

所以大家就開始強迫自己早起，如果發現有鹿死在家門口，就要趁著天色昏暗時，偷偷埋起來或是把鹿搬到別人家門口（咦，這不是栽贓嗎？），所以越晚起床的人就越容易倒楣……。

≫ 多鹿城市的困擾

為了和平地和奈良一千多頭鹿相處，聽說奈良有些有趣現象，大家有機會可以來驗證一下。

1. 沒有垃圾桶：在奈良公園中找不到垃圾桶，原因是為了避免這些好像永遠吃不飽的鹿去翻垃圾吃，所以請大家務必將垃圾（尤其塑膠類）收好帶走。

2. 鐵絲網樹幹：奈良鹿真的是我看過最愛吃的，聽說連樹皮都吃！為了避免鹿把樹皮啃光害死樹木（樹皮如果被啃了一整圈，很可能就會死掉），因此奈良公園裡的樹都圍了鐵絲網。

3. 沒有衛生紙：關於這一點真的是聽說來的，因為我玩鹿玩到根本沒時間去上廁所……。不過聽說為了防止鹿闖進公廁偷吃衛生紙，奈良公園裡的廁所不但比一般公廁多了一道拉門，裡面也沒有提供衛生紙，所以想拉肚子的人千萬要記得自備喔。

4. 長不大的小草：如果仔細看的話，可以發現奈良公園的小草比一般的草更細小，原因是鹿實在太會吃了，小草們為了在鹿口下求生存，於是很自然的越長越細小。也因為鹿隨時隨地都在吃草，以奈良公園 79 公頃的草地來算，聽說每年可以節省將近 100 億日幣的草地整理費！小鹿們真是天然的除草機啊！

🖊 透過水管用果實餵鹿，鹿群們已經迫不及待將嘴巴整個塞進水管了（笑）。

》 餵鹿必備技巧

奈良鹿最喜歡的食物：鹿仙貝、橡木果實、草。春日大社鹿苑內就是提供橡木果實來餵鹿。

公園裡隨處可見攤販在販售餵鹿的「鹿餅」。這是用小麥粉和米糠做的，就連包裝紙都是特別做成鹿可以吃的成分，而賣鹿餅的錢有一部分也用在保護鹿的工作上。

基本上，來到奈良後就會徹底顛覆鹿在你心中可愛溫順的形象。因為這裡的鹿「超現實」！沒有鹿餅，在鹿的眼中「你什麼都不是」，除非你有錢……因為……鹿也會吃鈔票！！！！

這裡的鹿因為長年跟人共同生活，也習慣了被大家供奉，因此就像是被爸媽寵壞的孩子一樣，牠們一發現你在買鹿餅，就會埋伏在旁邊，等你一轉身就一拖拉庫激動地擠到你身邊搶食～這時候！請千萬不要激動、不要尖叫，不要轉身就跑！不但會嚇到鹿，還有可能會被追，相當危險啊！

這時候只要這樣做～

1. 拿著鹿餅手舉高：鹿會專注地看鹿餅，讓牠們冷靜下來。

2. 慢慢往後退：不要把鹿餅撥開，整塊給鹿的話，牠就會停在原地慢慢吃，然後你就可以趁機慢慢往後退，讓其他鹿跟上來，這樣大家也能公平地吃到餅乾。

當你沒有鹿餅時，只要把雙手攤開，表示「沒有食物啦～」小鹿們就會去找下一個受害者～

▲ 有鹿餅吃就變很親人的鹿，當地人有教，為防止鹿搶食，可以先舉高鹿餅，小鹿就會點頭～溫柔討食～。

▲ 為防止完食後持續被鹿糾纏，可以把雙手攤開，小鹿就會識相離開門喔～!

東大寺和春日大社裡的鹿相對溫和「一點」，所以也可以從這邊開始練習。

然後要再次提醒大家，希望大家都能發揮公德心，千萬不要餵食鹿餅以外的食物尤其是塑膠袋給小鹿們，垃圾也請隨身帶走，奈良每年都有不少鹿因為誤食塑膠和垃圾而死亡，好傷心啊！QAQ

東大寺內溫和親人的撒嬌鹿。

≫ 鹿的真面目

　　和鹿餅攤販數量不相上下的，大概就是警告遊客的告示牌。剛開始看到只覺得「怎麼可能～鹿這麼可愛～」，完全沒有把告示牌放在心上，直到……我遇上一隻心機超重的壞脾氣公鹿。

　　這傢伙發現我沿途分發鹿餅後，竟然開始跟蹤我！而且每當牠吃完鹿餅後，就又會從後方衝過來擠開其他的鹿搶食，所以我很故意偏偏不餵牠，當鹿餅分完後我很壞的把手攤在地面前表示鹿餅餵完了，牠也一副很認命的掉頭就走。當我背對牠時，誰知道……牠不是要離開，而是竟然在助跑！！

　　牠居然助跑衝過來撞我的屁股！

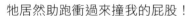

牠轉身又是為了「助跑」！
要・撞・我！※

我的卡喔！！

那不還好你的角已經採收了，不然我豈不是屁股不保！（崩潰）

好吃的～

吃！

　　在我旁邊還有個法國阿姨，也是因為故意跟鹿開玩笑，把鹿餅給藏了起來，結果竟然被鹿「搜身」，而且不知道鹿是不是挾怨報復，找不到餅乾的小鹿竟然朝法國阿姨的「腰間肉」一口咬下！所以說啊～鹿根本不是什麼天使，牠們心眼超小、脾氣超壞的～（笑）

≫ 季節限定

　　奈良每年有許多跟鹿有關的傳統活動，而且都是季節限定，看到賺到！

－ 召鹿大會（鹿寄せ）－

　　每年冬季和夏季都會有特定時間舉辦的「召鹿大會」，由愛鹿協會的工作人員吹著法國號召集鹿群。這個活動可是從 1862 年春日大社鹿苑剛建好時就有的傳統呢！鹿群們聽到樂聲就會從各地陸續聚集過來，工作人員也會準備許多橡木果實讓小鹿們大飽口福，作為獎勵。

-子鹿公開-

春日大社內的「鹿苑」平常收容的都是受傷的鹿，但每年一到 4 月碰上鹿的繁殖期，鹿苑內就會開始收容大量的「孕婦」，直到剛出生的小鹿能夠比較獨立，約莫是 7 月左右。而每年的 6 月則會有「子鹿公開」活動，可以看到小小鹿可愛的身影！

但 7 月後小鹿就會離開鹿苑跟鹿媽媽回到外面生活；我知道小鹿很可愛，但請大家千萬要忍住～不要伸手去摸，因為小鹿一旦沾上人類氣味之後，很容易被母鹿遺棄，到時候小鹿就會餓死～千萬母湯喔！

鹿之國番外篇

其實除了奈良，日本還有另外一個被鹿控制的地方，那就是「宮島」。對～就是在廣島附近有著超大海上大鳥居的那個宮島。

嚴島神社祭拜的是三位海洋女神（市杵島姬命、田心姬命、湍津姬命），對當地人而言，宮島不只是神居住的地方，宮島本身就是神的化身！因此當然不能把象徵神道入口的「鳥居」建在神明的身上，所以才會建在海中。而既然是神明，當然跟奈良一樣必須要有「神明使者」的鹿群們守護著！

因此梅花鹿也是宮島三寶之一（宮島三寶：鳥居、梅花鹿、牡蠣吃到飽）。跟奈良非常相似，野生的鹿群也和人一起生活在城市中，愛去哪裡就去哪裡，唯二跟奈良不一樣的地方是：一、這裡的鹿不能餵食。二、這裡的鹿比奈良溫柔一千倍！可能是因為遊客不能餵食物減少了紛爭，宮島的鹿顯得平靜悠閒很多、脾氣也好的多！（我是這樣覺得啦～）

雖說不能餵食，我還是遇到了一隻很調皮的鹿。坐在樹下喝啤酒的時候，我突然感覺耳邊一股熱氣，這個調皮鬼不知道是口渴還是本來就有酒癮，牠竟然故意用鼻子推倒我的啤酒罐，然後就這樣狂喝了起來。第一次覺得牠是好奇而已，因此不大在意，只是默默把啤酒罐立起來，誰知道牠又來一次！這次喝得更大口，停都停不下來，一看就知道是慣犯。╮（￣▽￣）╭

基於擔心牠的健康，我還是決定伸手去搶回啤酒。牠也不生氣，只是用很可愛的眼神看了看我，然後又坐回樹下乘涼，這種溫柔的脾氣跟奈良的鹿一點都不一樣呢！（硬要講）

宮島除了大鳥居之外，最有名的就是夏季一年一度的宮島海上煙火大會。在退潮時大家紛紛前往海邊，欣賞從大鳥居後方施放的燦爛煙火，每年都吸引了20、30萬人來朝聖。夏日夜晚逛著廟會，買好啤酒來海邊看煙火，絕對是最具日本風情的行程。

▲宮島最有名的夏季煙花大會。

奈良鹿以外的奈良

≫ 春日大社

　　奈良的春日大社是日本上千間春日神社的總社，也是世界文化遺產，建於西元 710 年。裡頭不但有植物園、國寶殿還有鹿苑，光是走走逛逛也可以花去一整個上午。春日大社的御神木「若宮大楠」非常值得一看，樹高 24 公尺，樹寬 1.3 公尺，據推測有 800-1000 歲呢！

　　日本流行各種動物籤，春日大社當然也不例外。這裡有各種小鹿造型的籤，但最特別的還是象徵神使者的限定「白鹿籤」！

春日萬燈節小知識

春日大社有個習俗，信徒們會前來供奉燈籠祈福，稱為「萬燈節」。社內的石燈和吊燈約有 300 座，每年在春日大社的「春分前的節分日」和「中元節 2 日」，一年只有 3 天，會將這些燈通通點亮，非常壯觀！

≫ 東大寺

東大寺是屬於佛教的華嚴宗，由日本聖武天皇於 728 年建造，距今約有 1200 餘年歷史。在日本國分寺中是位階最高的總寺院，由於位在平城京的東方，所以稱作「東大寺」。而這座正面寬 57 公尺、深 50 公尺、高 47.5 公尺的寺院，可是目前「世界最大的木造建築」喔！

≫ 大佛鼻孔保平安

東大寺最有名的就是奈良大佛，原名毗盧遮那，是梵文 Vairocana 的音譯，意指太陽、光明，是華嚴經中的最高佛。高 15 公尺（如果加上底座有 18 公尺）、總重 380 噸的大佛，實際看到本尊真的非常雄偉，但關於大佛……最吸引人的卻是「鼻孔」！

在大佛的右後側有根大柱，底部有一個洞，聽說洞的大小正好就是大佛鼻孔的大小，俗稱大佛的鼻孔。聽說只要能穿過這個洞，就能保佑事業愛情兩得意！

只能說……真的天壽脣，差點卡住超丟臉的呀！

胖

卡

說實話，這個洞真的很小，想挑戰的人可要有卡住的心理準備啊（笑）！

來去鄉下住一晚【滋賀民泊】

對我來說，在旅程中的很多東西是可以被錯過的，例如必去景點、必吃美食、必買伴手禮，但有些動人體驗，則是我想一輩子保留的。

這次我來到滋賀，訂了一個很特別的一日行程。這是旅行社和滋賀當地人家合作，一起接待外國旅客，推廣當地的生活與文化，沒想到這卻成了我最難忘的幸福回憶。

≫ 雄琴小鎮

我的一日專屬導遊 Misako，是一位年約 40 出頭的可愛大姊，一口流利又不帶日本腔的英文，開朗又好聊。年輕時的她也一樣很瘋狂，是個跑過 30 幾個國家，看遍世界的背包客呢！

我們從「雄琴溫泉站」搭計程車往山上的方向走，開了近 20 分鐘後，來到位於半山腰的小村莊。放眼望去是關西最美的琵琶湖，以及層層疊疊的家戶，有點像是九份一樣的山城，卻比九份多了一份寧靜之美。

今天接待我們的是向坂爺爺一家。向坂爺爺是個可愛又熱情的人，今年已 75 高齡的他還是相當有活力，說起話來就像是日劇裡的爺爺中氣十足！他迫不及待的帶著我們開始了這次的小鎮巡禮。

≫ 三少小鎮

向坂爺爺帶著我在小鎮中漫步，向我介紹起這個他生活了一輩子的地方。「在這裡有三少，車少、人少、小孩更少！」向坂爺爺說，住在這裡的人大多都是為了守著祖先留下來的土地，隨便一戶人家，都是傳了好幾代。例如向坂爺爺家就已經歷經七代都生活在這塊土地上。

一路上寧靜得不可思議，只要一靜下來，就能聽見樹葉飄落、風悄悄吹過、小貓走過、鄰居澆水，種種細小的聲音。我把這稱作「小鎮說話的聲音」。我很喜歡「它們」用這種方式向我介紹著。

》 小林神社

　　向坂爺爺居住的這個小鎮距離山非常近，從家裡慢慢走約莫半個小時就能走到森林的邊界。而小林神社，就在這邊界佇守了三百多年的時間。

　　因為靠山，這裡的居民自然是信奉山靈等神明。向坂爺爺說，真正的舊神社其實在非常深山裡，是最古早居住在深山裡的先民所建；後來大家遷居到森林外緣時，才蓋了現在的小林神社，代替原本深山內的大神社（有 1300 年歷史）。這可是務農居民們最重要的信仰。

抱歉啦…

🌿 神社裡外滿是幾十年甚至上百年的大神木。他們相信每棵樹都有一個神，因此……這個神社到處都有神在監督你！不能在這裡做壞事啊～（大誤）

　　進入神社後，廟祝（？）竟然親自出來接待，親切地向我們介紹神社的歷史文化，讓我既開心又不好意思。其中，最讓我印象深刻的就是「鳥居」這件事！

　　小林神社裡除了神祇之外，還供奉著神社初代的鳥居。至於為什麼後來要換成現在的鳥居而不沿用初代的？其實有個非常逗趣的原因，那就是初代鳥居實在是太矮了！（大概是根據先民的身高設計的吧）BUT！重點是，「現在的日本人也沒多高啊！」（come on！新的鳥居大概有 3、4 公尺高耶！）

鄉下地方最可愛的就是人情味。廟祝（硬要叫）還抱著女兒出來跟我聊天呢！

　　就在我內心浮現出邪惡想法時，似乎被廟祝（硬是要叫人家廟祝）看穿，他略帶尷尬跟害羞的補充：「現在的鳥居會做這麼高，可能是因為有時候要搬東西之類的比較方便啦！」喔～原來！你看我就說吧！σ(￣▽￣)σ

除此之外，整個小鎮沿途也都能看見小神社。而這些小神社最大的特色就是全部都面向同一個方位，也就是在深山中最古老的的那個大神社，有種「很團結」的感覺。

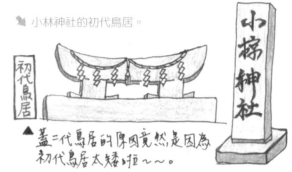

🖐 小林神社的初代鳥居。

▲ 蓋二代鳥居的原因竟然是因為初代鳥居太矮啦～～。

》 小鎮故事

小鎮另一個迷人的地方就是故事。雖然沒有什麼偉大的傳說、也沒有著名的景點，但那些流傳在居民口中，專屬於這個城鎮的種種趣談，才是最吸引我的地方。

這裡因為地勢落差的關係，隨處可見屋頂與路齊高的特殊景象，當然這也為鎮民帶來了一些不便與笑料。向坂爺爺説，有一年冬天大雪，白雪覆蓋了整個小鎮，積雪之厚，到處都是白茫茫一片。當時有個辛苦的郵差騎車經過這戶人家，一不小心就騎上了別人家的屋頂，直到差點摔下來才發現騎錯了呢！

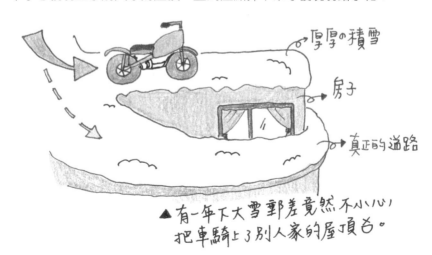

▲ 有一年下大雪郵差竟然不小心把車騎上了別人家的屋頂台。

就這樣邊走邊聊著小鎮的種種，聽越多故事就越覺得這裡像是自己的家那樣親切。Misako 說，這也是她放棄其他工作回來的原因，因為她很熱愛自己的家鄉，所以想要把美麗的地方介紹給更多人認識。（真的很希望台灣也有人能夠好好珍愛這塊寶島，並且驕傲地和全世界的人說：「嘿！這是我的故鄉－台灣，全世界最美麗的小島。」）

　　就在我們要回爺爺家的路上，向坂爺爺突然加速往小坡衝了上去（活力充沛的老人好難捉摸……），只見他攀著一大欉樹枝，伸長了手、踮起腳，大聲嚷嚷著：「我摘一個給你吃！」

　　「好不好吃？好不好吃啊～」他一邊吃著果子一邊笑容滿面地追問。向坂爺爺的熱情笑容至今回想起來都還是會忍不住跟著微笑。這些比番茄還小的果子一下子就堆滿了我的手心，我發現，在這裡什麼都是滿滿的，笑容滿滿的、果子滿滿的、熱情滿滿的，心，也滿滿的。

　　這種似乎只有日本才有的果子，長得像是籽很大顆的軟柿子。剛入口很甜，還帶有一點清香，但是大概咬第三下就會開始感覺越來越澀，吃完整顆果子，就會澀到像是舌頭被砂紙磨過那樣。

　　至於好吃程度？如果說我給這果子 85 分，那其中有 60 分一定都是看在爺爺冒著生命危險 (!?) 去摘來的份上。

🍃 爺爺～拜託你小心點啊！

》感情好就要搗年糕

　　爺爺說，搗年糕在這裡可是家家戶戶必備的技能，並且因為雄琴有溫泉的關係，產的米也特別好吃，所以我們要來幫忙準備今天要吃的年糕。爺爺搬出大大的石臼，直接在大門口準備了起來。

首先由向坂爺爺奶奶示範，一個人負責翻年糕、一個負責搗，默契好得不得了。奶奶説：「常常搗年糕的家裡感情就會好。」欸！為什麼咧？「因為如果前一天吵架了，搗年糕就會有危險～我可不想被他打到啊！」奶奶大笑説道。嗯，看來以後不能讓老公負責拿杵呀！（筆記）

🔖 難怪結婚了半世紀，他們的感情還這麼好，原來是因為常常搗年糕！（誤）

但説實在的，搗年糕並不是一件可以優雅完成的工作，光是那隻杵就重達 6 公斤呢！（青筋）

我老是控制不了杵搗下去的位置和節奏，好幾次差點就把爺爺的手當作加料和年糕一起搗下去（驚）。爺爺很體貼地鼓勵我繼續，但是爺爺啊！你額頭上的冷汗怎麼越滴越多呢？最後眼見嬌弱的我已經雙手無力（而爺爺也逼近生命受威脅的邊緣），我們決定把特別從隔壁跑來圍觀的鄰居也一起拖下水。

而我跟奶奶當然也沒閒著，準備開始包年糕囉！除了傳統年糕必備的超綿密紅豆餡，還有一樣特別的餡料，那就是「納豆」！

雖然搗年糕的現場實在是手忙腳亂（只有我吧），不過大家一起參與的熱鬧感，真的像極了小時候在鄉下才有的人情味。吐槽、大笑、一起幫忙共同完成一件事，在這裡，找回了一種人與人之間單純的互動與快樂。而且在大家同心協力之下，總算可以將年糕端上桌了～（歡呼）

🔖 在近百張搗年糕的照片中，只有這張能看而已。

🔖 奶奶說這是他們習慣的吃法，但我嚴重懷疑是奶奶自己愛吃的口味……

大家又再次手忙腳亂的研究起章魚燒，鄰居奶奶當然也被我們拖下海一起～

≫ 進了家門就是家人

進到屋內，爺爺家的客廳也很有看頭。這間房子已經照顧了向坂家足足有七代，兩旁牆上掛滿了家人的照片、鄉鎮表揚狀、孩子比賽的獎狀等等，另一邊桌上也已經擺滿了剛剛做好的年糕、水果，還有奶奶親手做的各種日式小菜。爺爺親切招呼大家入座說：「只要進了家門，就是家人了！」讓我這個外來的孩子好感動啊！（淚）

大家都就位後，奶奶還不停從廚房端出一盤又一盤的菜……（奶奶，你就老實說你是魔術師吧！）Misako 問我有沒有做過章魚燒，說著說著，就從廚房搬出了章魚燒的器具，實現了我想要像日本人一樣，在家裡做一次章魚燒的願望。

但很妙的是，身為道地的關東人，在場竟然沒有人真正做過章魚燒?!

也因為這是我們所有人的第一次「章魚燒體驗」，負責塗油的、負責倒麵糊的、負責放章魚的，全都來不及!!!! 章魚燒怎麼這麼難～

一邊做章魚燒的同時，大家就這樣有一句沒一句的聊著天。儘管語言不相通，但笑容就是我們最好的回應。爺爺還一直跟鄰居說，在所有來過他家的客人中，我是最漂亮的一個呢。（開心）

爺爺還特地拿出自己釀的各種酒（蛇酒、虎頭蜂酒等等），堅持要請大家喝，可能是氣氛真的太好了，我們竟然就這樣傻傻地喝了……我的老天鵝啊！這味道大概是我喝過「最有深度」的味道了……很臭、很腥、很辣、很可怕。

爺爺：「這很補喔！」
我：「爺爺，你有喝過嗎？」
爺爺：「欸？沒有欸？你們是第一個喝的哈哈哈哈！」
我：「爺爺你……」

私釀蛇酒！

我們就這樣邊喝酒邊聊天，大家都非常開心，好像過年家族大團圓一樣。在我還沒來得及拿出手機拍照時，爺爺早已興奮地拿出他的相機，架起腳架要幫大家拍照，就像日劇中看到的家族合照一樣。

隨著時間流逝，也到了該離開的時候。因為奶奶的腳不好，所以再次給了我一個大大的擁抱後，就由爺爺送我出去。計程車早已等在巷口，然後就像電視演的那樣，爺爺一直朝我揮手，目送我直到彼此的身影消失。我想，我一輩子都不會忘記這一幕。

番外篇

在這之後，有次旅行碰巧路過滋賀。旅行社的 Misako 知道我要來，還特意通知爺爺奶奶，並熱情邀請我「做為大家的朋友」再次來玩。除了一樣的熱情招待，爺爺還給了我一樣禮物，讓我差點感動到哭出來。上次來的時候，爺爺曾說過，家門口的櫻花樹盛開時特別漂亮，他不但幫我拍了下來，還把我第一次到訪時的所有照片洗成一本相簿送給我，真的是太太太珍貴了！

滋賀鄉下住一晚
預約資訊

■ https://www.lacbiwa.com/

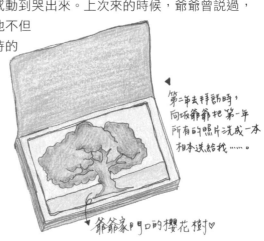

第二年去拜訪時，向坂爺爺把第一年所有的照片洗成一本相本送給我……。

爺爺家門口的櫻花樹♡

忍者修練之旅【伊賀流忍者博物館】

可能是受到漫畫和時代劇的影響，忍者從小就是我很嚮往的「職業」(?!) 所以這趟我走訪了兩個跟日本忍者相關的景點，保證絕對可以滿足大小朋友心中的忍者夢。

≫ 忍者流派

說到忍者，最有名的就是「滋賀縣・甲賀流」和「三重縣・伊賀流」兩大流派。而這兩者最大的差別，就在於：

【甲賀忍者】：效忠主君，對特定對象盡忠，在面臨重大決定時，是少數服從多數決定。甲賀流曾服侍過織田信長，在江戶幕府成立後也為德川家康效力。

• 代表人物：
  猿飛佐助

🗡 《忍者亂太郎》故事中有城主，推測其應該是甲賀流。而《火影忍者》需要接各地來的不同任務，推測可能是伊賀流忍者。

▲「甲賀流忍者」效忠主君的。

▲只效忠金錢的「伊賀流忍者」。

【伊賀忍者】：效忠「錢」，有錢就能雇傭得到！在面臨重大決定時，決定權是在「上忍三家」（服部家、百地家、藤林家）。

• 代表人物：霧隱才藏

≫ 忍者博物館

最有名的忍者博物館，分別在滋賀縣甲賀市，以及三重縣伊賀市各有一間。我這次去的是位在三重縣的「伊賀流忍者博物館」，雖然看起來有些偏僻簡陋，但卻有許多有趣的館藏。

博物館大致分為兩區，一區是忍術文化區，另一區則是忍具區。其中忍術文化介紹得很詳細，終於能一窺神秘忍術的面貌，讓我非常興奮！

用染色的五色 ➡ 米作暗號，不同的排列表示不同的日文！

か：○○
わ：○○○
わい：○○○
い：○

あ	か	さ	た	な	は	ま	や	ら	わ	／	a
い	き	し	ち	に	ひ	み		り	わ		i
う	く	す	ち	ぬ	ふ	む	ゆ	る	を		u
え	け	せ	て	ね	へ	め		れ			e
お	こ	そ	と	の	ほ	も	よ	ろ	ん		o

忍者文字 　ち ろ 〰 〰
　　　　　か わ い い

◀ 在漢字傳入前，以「繩結」形狀作為圖形的神秘「忍者文字」，完全看不懂！

　原來忍者是以前的化學專家，就像傳說中的「瞬間消失」，其實是利用自製的煙霧彈來分散敵人注意力，藉機逃走（怎麼有種秘密說穿就不厲害了的感覺），還自己製藥、製毒，非常聰明呢！而且館內甚至還保留了以前的「忍者筆記」，內容從武器、道具使用方法，到結印手勢都有記錄，真的很不可思議。

　當然，也有介紹一些忍者必備技能，像是如何在野外判斷時間、如何在自然環境中預知大氣，以及野外求生、自保的方法等等。

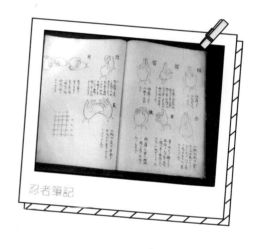

忍者筆記

◀ 忍者會以心臟朝下的方式睡覺，以防被敵人偷襲心臟。

（左）

從貓的眼睛就可 ➡ 以判別時間。

9-11　11~1　1~3
7-9　午前　午後　3-5
7-5　AM　PM　5-7

地下室則展出了各種忍者的道具。真的很懷疑他們到底要怎麼帶著這麼多道具到處移動？

小小的館內仔細看其實非常有趣。另一邊還打造了「忍者機關屋敷」，有工作人員解說示範以前忍者住的房子到底有哪些機關。但比起這裡，京都的「太秦映畫村」做得更好、更有趣，文章最後再介紹。

「万川集海」に紹介されている「水蜘蛛」

所謂的「水上漂」，其實靠的就是「水蜘蛛」。但現在最新研究的用法好像不太一樣～

鑿牆壁和開鎖的工具。

》 忍術表演

一開始我對於博物館的忍術表演實在不抱什麼期望，但看完約 20 分鐘的演出後，真的嚇歪了！表演除了好笑的類默劇劇情外，最有看頭的就是各種武器、暗器與體術的實際演練。演出人員動作俐落紮實，專業到不禁懷疑他們是真的忍者穿越來現代！

非常值得！一定要看!!

踩

可將前端插入土中。

繩子只用來綁身上，爬上牆後用來回收刀！

刀不只是武器，更是道具！

拉

原來忍者的佩刀還有這樣的用途。

▲普通的竹帽中，竟也能成為藏滿武器的道具！

現場更有表演「手裡劍暗殺術」和「遠距離吹箭」！原來手裡劍一個重達 200、300 公克，根本不可能像卡通一樣，一次一疊瘋狂發射（笑），主要都是在手裡劍上塗毒，以此致命！而吹箭在現場看更酷，好幾公尺遠的距離，竟然也能精準中箭！只是……距離這麼遠，肺活量到底要多大才行？（笑）現場還邀請外國來賓親自體驗吹箭，逗得外國朋友呵呵大笑！

表演最後搏得滿堂喝采，也讓觀眾明白忍者不是不可能的傳說，而是在嚴格訓練、熟能生巧下，真的培育得出來的超級特務。

表演結束後也可以付費體驗手裡劍。一拿到手的時候，那沉重的感覺真的跟想像中很不一樣，但基本上姿勢正確就不太容易射偏；重量反而讓手裡劍在飛的時候更穩定，是個大小朋友應該都會玩得開心的體驗。

準

伊賀流忍者博物館

- ■ 地址：518-0873 伊賀市上野丸之內 117
- ■ 時間：9:00 ～ 17:00（入館受理至 16:30）
    - ※ 另外收費：忍者秀 400 日圓
- ■ 交通：伊賀鐵道「上野市站」步行約 5 分鐘

≫ 太秦映畫村

位於京都太秦的「太秦映畫村」是知名電影及東映時代劇的拍攝場景（有點像台灣的中影文化城），佔地 36000 坪，以江戶和明治時代的街景為主。

但與其說映畫村是個影城，我倒覺得是個日本古裝版的迪士尼。到處都可以看到裝扮成武士、俠客或是忍者的工作人員，隨時跟遊客們互動，隨時隨地上演小劇場。

≫ 忍者機關屋探險

太秦映畫村的「忍者機關屋敷」雖然是復刻的，但應該是我看過做得最好的忍者屋敷！裡面的機關多到不像話，一進去就會有忍者示範幾個簡單的機關給大家看～

不同於一般忍者屋敷，映畫村的機關屋是能夠讓你親身體驗探險的！整個忍者機關屋就像個大迷宮，進去之後只能靠自己找出暗藏在房子裡的機關，才能找到出路離開。但有些真的是隱密到不行，有些甚至是要推動整面牆壁……

▲為了防止敵人在家中拔刀～格狀的矮天花板是舉刀時容易卡刀！

就連天花板的設計都是有用意的！

▲壁畫後藏的通道是最初階。

電影中常見的旋轉門也有出現，發現的時候還嚇了一跳～

▲時代劇中常見的旋轉門。

如果真的找不到的時候呼叫一下，就會有忍者從不知名的地方冒出來在一旁鼓勵並偷偷給你小提醒喔！

一連串的機關有趣又好玩，也能深入了解忍者機關屋的文化。非常推薦來到太秦映畫村一定要來體驗看看。

🗡 超大型的機關；原本以為是房間中專門擺裝飾的和室小空間，結果竟然是要整個推開才能看見通道，實在太驚人了！

忍者屋敷

有料
超有趣忍者機關屋！

巷區

太秦映畫村中有分有料及無料的活動，大多都在500円左右，千萬別錯過呀～♡

會有恐龍！為什麼水池中

免費忍者奇幻劇場。

平裏劇場

中村座

太秦映畫村

■ 地址：京都市右京區太秦東蜂岡町 10 號

■ 門票：成人 2200 日圓／國高中生 1300 日圓／兒童 1100 日圓

日本第一滴醬油底家啦【湯淺】

　　湯淺在 2017 年被認定為「日本遺產」，因為和歌山縣的湯淺町可是「日本第一滴醬油的發源地」喔！

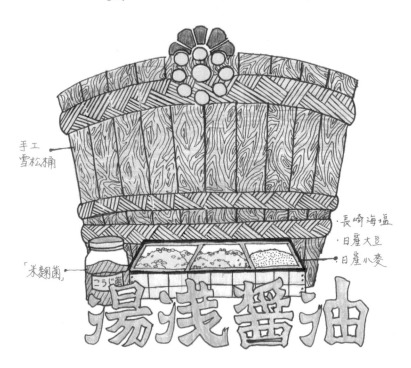

「最初の一滴」
醬油釀造の発祥

手工
雪松桶

・長崎海塩
・日產大豆
・日產小麥

「米麴菌」
こうじ菌

湯浅醬油

2017　日本遺產認定

≫ 日本醬油，是個意外

相傳西元 1254 年，日本的法登國師前往中國的金山寺學藝時，將金山味噌的作法帶回了日本。第一時間回到和歌山縣的興國寺，利用湯淺清澈的水質和傳統野菜來製作味噌，卻意外發現桶底瀝去味噌後的沉澱物，竟然也很有滋味！而這個沉澱物，就是「醬油」的前身，因此湯淺也成為了日本第一滴醬油的發源地！

≫ 醬油之城

經過改良後，醬油大受好評，也越來越多人開始學習釀醬油的技術。在極盛時期的湯淺，一千多戶人家中，就有九十多間的醬油廠呢！至今湯淺雖然不像以前一樣繁盛，但仍有少數醬油廠傳承了下來，維持著 750 多年前的傳統做法。

「九曜むらさき」醬油是金山寺唯一指定使用的醬油。

≫ 丸新本家

來到湯淺，參觀一下醬油廠是必須的。我這次來到一間叫做「丸新本家」的釀造廠；值得一提的是，除了堅持長時間釀造外，他們家有一款「九曜むらさき」醬油，號稱是「日本唯一」仍依循古法，也就是一邊製作金山味噌，並使用過程中產生的味噌汁（溜り汁）所製成的「正古法醬油」。

他們也自稱是日本目前唯一一家同時生產金山味噌和醬油的工坊，所以「九曜むらさき」這種純正的「溜り汁」，只有他們才做得出來！

≫ 醬油見學

這裡除了有滿坑的醬油可以挑選外，我推薦一定要參加免費的見學導覽。雖然要先預約，但很幸運的是當天剛好沒有人預約，所以又變成了一次 VIP 導覽（笑）。

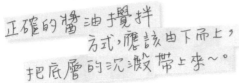

正確的醬油攪拌方式，應該由下而上，把底層的沉澱帶上來～。

上下翻動醬油

從原料、發酵到超大的手工雪松釀造桶（大約 2-3 公尺高），一切的製作過程都可以了解得非常清楚。

而且只要花 300 日幣，就能體驗翻攪醬油的工作，真的是非常難得。比人還高的醬油桶，必須要站在椅子上才能攪拌，而且要拿著長柄桿以「上下垂直」的方式攪動，才能真正把底層的醬油帶上來接觸空氣，超級累人！大概翻個三下，你就會想要直接跳下醬油桶了……但因為正在發酵的醬油桶看起來很像廚餘桶，所以我放棄了跳下去的念頭。

工作人員大方地讓我試吃各種口味醬油，並耐心介紹用途與區別，例如什麼醬油適合燉煮、什麼適合刺身沾醬、什麼適合涼拌～這些我都……不在意！我就只負責吃而已（笑）。另外，還能吃到正統的金山味噌喔～新鮮野菜醃漬的果然非常甘甜，是（吃得）非常愉快的見學體驗呢！

≫ 來一瓶專屬醬油吧

既然都來到醬油大本營了，那就自己來做一瓶醬油吧！1080日幣就可以參加體驗課程。老師會幫你準備好材料，但做一瓶醬油並不是這麼簡單，最重要的是

做好之後還要照顧一年……對！你沒有聽錯，就是一年！

第一週每天都要開瓶搖晃，第二～四周改為兩天一次，第二個月後變成三天一次，第三個月～一年之間，則是一週兩次開瓶搖晃，很辛苦的。而且如果你忘記開瓶照顧，醬油寶寶就會一直

在瓶子中發酵、膨脹……最後……爆炸！所以，釀醬油真的是極需耐心的一件事情！

≫ 醬油冰淇淋

丸新本家的販賣部非常復古且超級多樣化，不管你喜歡什麼口味的醬油，相信這邊都能找得到。來到湯淺除了囤貨醬油外，也別忘記來一杯醬油冰淇淋。我不是第一次看到醬油冰淇淋，但有別於其他調和醬油味的冰淇淋，丸新本家卻是直接把醬油淋在冰淇淋上，還真的是名符其實的「醬油冰淇淋」呢～

可能是因為這裡的醬油太好吃了，所以淋在冰淇淋上竟然一點都沒有違和感，甜甜鹹鹹的非常好吃。尤其醬油遇上冰之後，本身的甘甜更明顯，一定要來試試看！

丸新本家

- 地址：和歌山縣有田郡湯浅町湯浅1466-1
- 營業時間：09:00-18:00
- 費用：參觀免費

日本最適合吃鮪魚的地方

朝聖熊野三山的第一站，最適合從「紀伊勝浦」開始，因為這裡是全日本最適合吃鮪魚的地方！

≫ 日本第一

第一站特別選在紀伊勝浦自然是有我的道理，因為有黑潮跟親潮匯流，這裡可是全日本（延繩漁法）鮪魚捕獲量最高的地方！在昭和 52 年，就創下了日本首次交易量 130 億日幣的驚人紀錄呢！

≫ 漁市見學

勝浦漁協有和當地幾間（比較貴）的飯店合作，只要入住就可以報名漁市拍賣和見學，1000 日幣／人。若你入住的是便宜旅館，自然就不在這個限定名單中，致電申請也會失敗。但我絕不是輕易放棄的人，所以決定一早就直接殺到漁港碰運氣。

誰知道還沒走到漁市，我就迷路了。幸好遇上一位大叔（根本就是天使），他一知道我的目的地，立刻 call 來在漁協工作的朋友，請他幫助我！到了漁協後，我跟帶路的大哥說明想參加漁市見學，他一開始看我是外國人，大家一度互推皮球，最後得到的答案是：「今天沒有人報名，所以沒有見學行程。」但人真的不能輕易放棄，拗不過我的眼神請求，帶路的大哥帶我直接殺到漁港邊，找到了領班大哥，領班大哥一聽我是台灣來的，立刻答應帶我一對一參觀漁市拍賣！還拿了全新的雨鞋借我，人實在太好！

一般無料見學只能在 2 樓觀看，遊客是禁止進入 1 樓漁市的。但因為有大哥帶領，所以我很幸運的可以進到 1 樓的拍賣市場看大家工作。

清早出航的漁船剛好紛紛回港，新鮮的漁獲一一下船等待拍賣，滿滿鮪魚躺在地上非常壯觀。大哥教我如何分辨鮪魚的品質，通常會透過魚尾部分開的小洞，來觀察魚肉的肉質與色澤。

領班大哥還教我怎麼看懂黑板上每天的漁獲記錄，更拿出拍賣叫價的木牌解說，但我根本看不懂木牌上在寫什麼（笑）。

不過為什麼說勝浦是日本最適合吃鮪魚的地方呢？除了捕獲量第一之外，領班大哥問我：「你猜今年的鮪魚（長鰭鮪）成交價一公斤多少錢？」我猜……最少也要 1200 日幣吧！結果沒想到大哥卻說：「平均成交價是 458 日圓！」天啊！那不就一公斤才 125 元台幣嗎?!便宜得太嚇人了吧！

難怪這裡的鮪魚丼這麼便宜……無敵可惜的是今天還要趕去熊野三山，來不及去漁市吃超便宜的早餐丼飯（殘念）……。

平成29年度 (2017.04.01 - 2018.03.31)

種類	數量	平均價 (1 KG)
藍鰭鮪魚（黑鮪）	569 本	4909 円
短鮪（大目鮪）	56,909 本	1076 円
黃鰭鮪魚	79,130 本	891 円
長鰭鮪魚	420,457 本	458 円

≫ 漁協資料館

導覽結束後，大哥還一直提醒我，一定要去漁市 2 樓的資料館看看。雖然館內面積不大，但一進來還是有被震撼到！這邊掛著一幅超級大的鮪魚圖；這隻鮪魚是勝浦漁港所捕獲過最大的鮪魚紀錄，全長有 282 公分，親眼看到等比例的圖真的好驚人！

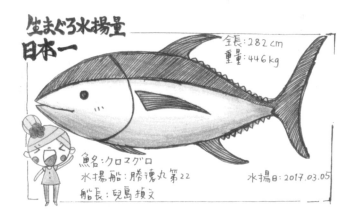

生まぐろ水揚量 日本一

全長：282 cm
重量：446 kg

魚名：クロマグロ
水揚船：勝德丸第 22
船長：兒島禎文
水揚日：2017.03.05

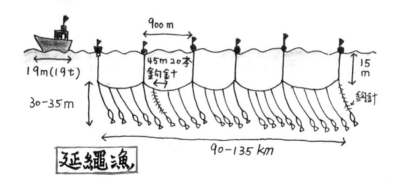

900 m

45m 20本
鉤針

19m(19t)

15 m

30-35m

鉤針

90-135 km

延繩漁

　　資料館也記載了漁市的光榮歷史，介紹了勝浦捕獲量如此驚人的祕密之一：
「延繩漁法」。

　　小小一個漁港充滿了生命力，還能帶回滿滿的知識，下次有來這裡記得幫我
多吃一碗鮪魚丼啊！（苦笑）

寶物大小

紀伊勝浦漁協

■ 地址：和歌山縣東牟婁郡那智勝浦町大字築地 7 丁目 8 - 2

■ 交通方式：JR 紀伊勝浦站步行 5 分鐘

■ 參觀費用：2 樓見學免費／1 樓見學需入住漁協配合飯店，一人 1000 日圓

■ 拍賣時間：早上 7:00 開始

■ 公休日：週六

神明居住的地方【熊野三山】

≫ 熊野三山

低調的和歌山縣，其實有個不為人知的「日本第一」，光是高野和熊野地區就有 200 多間的「百年神社及寺院」，居冠日本！

熊野三山，是將大自然祀奉成神靈的信仰，敬奉自然萬物，被日本人視作「神靈居住的地方」，也是日本人「一生必去一次的聖地」。這裡，更被視為「生命與一切事物的起點」還有「重生」的地方，總之，就是非常神聖！這也是我為什麼會這麼喜歡熊野三山的原因；大自然的美與偉大，真的能徹底在三山參拜中感受得到。

熊野三山代表著人的過去、現在與未來，又稱「熊野三社」，包含了：

「熊野速玉大社」：代表「洗淨前世罪孽」

「熊野本宮大社」：代表「締結現世之緣」

「熊野那智大社」：代表「救濟來世」

三大社與聯接大社的自然古道「熊野古道」，都一起被列為了世界遺產。

≫ 熊野古道

傳說西元 116 年神明降臨在熊野，信徒們紛紛從世界各地湧入參拜。參拜的人數之多，就像列隊的螞蟻一樣，因此被稱為「蟻の熊野詣」，也是除了西班牙的朝聖之路外，世界唯二被登錄世界遺產的自然古道。

熊野古道有好幾條路線；在這之中，最多參拜者走的路線叫做中邊路，是從京都出發，經由大阪、和歌山到達田邊（這一段被叫做「紀伊路」），然後從田邊進入山中，向熊野本宮出發。據說前天皇後鳥羽院、藤原定家、和泉式部也都走過這條路線。

　　而伊勢到本宮大社這段路程，則稱為伊勢路，大約有 170 公里，一路上有 33 間寺廟可以參拜，但沒有驚人的毅力是絕對走不完的，真不知道古人怎麼這麼厲害。雖然沒辦法走完全程，但大多數的人會在參拜那智大社時，從「大門坂前」開始走，剛好可以享受到一小段的熊野古道，非常推薦！

　　一路上的樹都高大到讓我忍不住猜想，這些樹木到底活了多久？沿途的綠意盎然、生機蓬勃，絕對可以淨化焦躁疲憊的心，就算說是日本生命的起點，也不會有人質疑。也難怪參拜的人們走過熊野古道後，會對大自然如此敬畏。

- 熊野古道紀伊路：天皇出巡必經！
- 伊勢路：全長170km，途經四國33箇所。
- 大峯奧駈道：170km，9世紀修行者之路。

❀ 真的非常划算！

熊野巴士

- 車票價格：3000 日圓
- 使用期限：購票日起連續 3 日，或指定日期連續 3 日。
- 購票地點：新宮車站前 (8:30-17:00)
　　　　　　紀伊勝浦車站前 (8:00-17:00)
　　　　　　瀞峽めぐりの里熊野川 - 志古乘船場 (8:30-16:30)
　　　　　　那智山觀光中心 (8:30-16:30)

≫ 熊野巴士巡禮

　　熊野三山的距離其實都不太近，所以暢遊熊野三山最方便的交通方式，就是搭乘熊野巴士。而且有特別為了參拜巡禮的遊客所規劃的「三日悠遊券」，只要 3000 日幣，就可以把三個地方走透透，而且三天時間非常慷慨，基本上光是坐到熊野本宮大社來回應該就已經回本了（笑）。

靈魂終點與生命起點 【本宮大社】

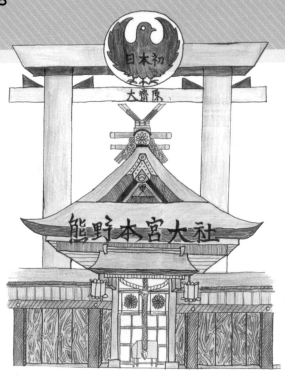

熊野本宮大社有兩個部分，一個是現在的本宮大社，另一個則是大齋原，是舊本宮大社的原址。

≫ 大齋原

大齋原據說原本的面積廣達一萬一千坪！可惜在明治 22 年（1889年）被大水淹毀，後來才將社址遷到現在的本宮大社。

熊野的信仰與大自然息息相關，所以在 2000 年時，日本在大齋原建立了高 34 公尺的「全日本最大鳥居」，提醒世人不要忘記自然的神聖和給予，代表日本一切的原點。

現今大齋原雖然幾乎看不到大社的遺跡，只剩下兩座小小的石造神社，但神恩似乎還存在於這片土地，取而代之的是美麗的森林，走在這裡讓人心曠神怡。

在公車站旁有一座「世界遺產熊野本宮館」，從它的旁邊往後走就是停車場。停車場旁是跟大鳥居拍全景照最適合的打卡點！因為這裡完、全、沒、有、人！非常好拍！

≫ 本宮大社

本宮大社被日本人視為「生命的起點」與「靈魂的終點」，充滿了神聖感。主要祭祀「素盞鳴尊」，是日本神話三大主神之一，負責治理海洋，曾消滅八岐大蛇，與稻田姬結婚……（相關故事請參照 P.178 妖怪八岐大蛇篇及 P.168 八重垣神社）

2018 年正巧是創建 2050 周年，天啊！不只是百年，這間神社已經有兩千年的歷史了!! 光是用想的，就覺得非常不可思議。

本宮大社也是日本國內四千多座熊野神社的起源。裡面的神殿區依照規定是不能拍照攝影的，因此想一探本宮大社的真面目，除了看看書裡的插畫，下次有機會還是親自來一趟吧～♥

已經創建超過 2500 年！

≫ 神體

前面提過，熊野三山是將大自然祀奉成神靈的信仰，意思即為「自然就是神」，所以每間神社都有一個神體（神明附著之物），也就是該神社最初祭拜信仰的對象，而在山林環繞下的熊野本宮大社，神體正是「森林」。

神奈備：將壯麗的「山」視為信仰對象。

　　　　如：「淺間神社」（富士山）（詳情請見 P.129 一百種富士山）、「白山神社」（白山）

磐座：　將「巨石」視為信仰對象。

　　　　如：「神倉神社」（和歌山）（詳情請見 P.115 日本第一靈驗所）、「三石神社」（岩手）（詳情請見 P.19 鬼都不來的城市）

神籬：　將「整片森林」視為信仰對象，並將最大的樹木作為神木（神體）。

　　　　如：「熊野本宮大社」

≫ 滿山社

參拜完御神殿後，不要忘記旁邊還有一座藏在大樹下的「滿山社」。

「滿山社」供奉的是「重生之玉石」，是締結「親子」及「人與人之間」緣分的結緣之神。

≫ 八咫鳥

在本宮大社中，到處都可以見到一隻很像烏鴉的鳥，就連在大齋原的大鳥居上也有這隻鳥的圖案。

這隻鳥叫做「八咫鳥」，是一隻擁有三隻腳的烏鴉；祂不但是太陽的化身，也是神明素盞鳴尊的使者。其三隻腳分別代表著：「智、仁、勇」和「天、地、人」。

來到這裡，別忘了求八咫鳥的御神籤，我個人覺得非常準！而且！八咫鳥也是日本足球協會的象徵標記～大家下次可以仔細看看～

≫ 要注意的事

來到本宮大社，要特別提醒大家一件事，那就是從新宮站坐公車到本宮大社大約是一個半小時的遙遠車程，下山的公車班次請一定要看清楚！

因為我太沉浸在本宮大社的美景中，差點趕不上末班公車……。最後雖然趕上，卻恍神下錯站，距離新宮站還有 33 公里的山路，而末班車就這樣殘忍地開走了！一路上荒山野嶺又近黃昏，往來的車也不多，雖然成功攔到幾台，但全都不順路……。

還好最後終於遇到一間民家幫忙。一開始他們也表示無能為力，因為下山路真的太遠。但後來大叔想起他有個朋友可能要下山，於是幫我打了電話，特別請大哥開著小貨車繞路過來接我一起……才終於不用睡在山上……

而且聽到我要去速玉大社，大哥告訴我：「神倉神社才是當地人的信仰，比速玉大社更值得一走。」於是直接開車送我到神倉神社，真是太感激了！大家下次請一定要留心公車班次啊～！

▲ 最後終於有好心人願意帶我下山了！

熊野本宮大社

■ 地址：和歌山縣田邊市本宮町本宮 1100

日本第一靈驗所【速玉大社】

≫ 熊野速玉大社

主要祭祀「速玉之神」，也稱「伊邪那岐」。日本的神話傳說中，伊邪那岐與妹妹伊邪那美結為夫妻，孕育出日本諸島與列神，是日本之父，也是眾神之父。

抵達速玉大社時已經是傍晚時分，但鮮紅的神殿在夕陽照射下真的是顯得寧靜神聖而絕美！

≫ 第一靈驗

跟其他兩間大社相比，速玉大社顯得低調許多。但其實這裡可是「日本第一大靈驗所」喔！

仔細看殿內的「注連繩」，上頭寫著「日本第一大靈驗所 根本熊野權現拜殿」；「權現」的意思是指神靈化身顯靈，所以「熊野權現」就是指熊野三山所祭祀的這些自然神明，以佛祖的姿態化身顯靈，拯救百姓。

據說熊野速玉大社是熊野三山中第一個「熊野權現」，也就是最先有神明化身降臨的地方，所以才被授予了「日本第一大靈驗所」的稱號。

≫ 神倉神社

熊野速玉大社將巨岩視為神體，但跟那智大社一樣，神體並不在玉速大社的社內，而是在距離十分鐘路程的「神倉神社」，也是當地人真正信仰的所在。

神倉神社有著近兩千年的歷史，供奉的是佇立在有「天磐盾」之稱、斷崖峭壁上的超巨大岩石「琴引岩」，又稱「蟾蜍岩」。在巨大的石縫中，還能看到民眾們帶來供奉的供品。

而支撐巨石的底部岩石則是「袈裟岩」，周遭曾經挖掘出許多平安時代的古物，貌似是祭拜供奉之用，因此神倉神社也被認定為是日本「磐座信仰」的起源地。

因為較少觀光客會來這裡，所以環境非常清幽，同時也是眺望市景的絕景之地，只是……要先爬上 538 階的超陡石梯。

》神明降臨的地方

傳說日本第一代的「神武天皇」東征時，曾經登上「天磐盾」，但抵達熊野時，大熊釋放出的毒氣卻讓天皇生病、軍隊中毒，於是天照大神便派高倉下神帶著神劍下凡來救援。

而高倉下神降臨的地方，正是神倉神社所處的這座神倉山！神武天皇用這把劍斬斷毒氣後，在八呎烏的指引下，繼續攻略熊野和大和國。也就是因為這「神明降臨之地」的傳說，才開啟了熊野三山的信仰！這裡的御朱印上也寫有「熊野三山元宮」的字樣，是熊野信仰的真正起源之地。

熊野速玉大社

■ 地址：新宮市新宮 1 番地

116

日本第一名瀑【那智大社】

≫ 熊野那智大社

主要祭祀「熊野夫須美大神 – 伊邪那美」，也就是速玉大社主祭伊邪那岐的妹妹（也是祂老婆），為日本之母、眾神之母。

✎ 那智大社裡的青岸渡寺可以眺望到全景。

≫ 那智大瀑

熊野那智大社的神體是「瀑布」，名為大智大瀑，是日本三大名瀑之一，更是「日本高低落差最大的瀑布」，落差高達 133 公尺，每秒可以流下「一噸」的水量，成為日本第一。

最初因奉養大智大瀑而建立了「飛瀧神社」，到了仁德天皇（西元 318 年）時才移到新建神社，也就是現在的那智大社。而我到訪的2018 這年，正好是大智大社創建 1700 周年。

≫ 御神木

在那智大社還有個不能錯過的風景，就是神社的「御神木」。這是一棵推測樹齡超過 800 年的超巨大樟樹，樹根的地方有個大樹洞，可以來一場「穿越胎內巡禮」。拿著寫了心願的護摩木（供奉給神明的木頭，之後可以拿去社內燒掉），穿越樟樹根的洞穴後，就可以消災解厄，實現心願。

800年巨大樟木 ♥

≫ 青岸渡寺

一步出那智大社後，連接的就是青岸渡寺。本堂看起來舊舊的，但這可是豐臣秀吉在 1590 年時所建造，供奉的是「如意輪觀音」。在神佛分離制頒布以前，這裡曾經是那智大社的一部分，也是西國三十三箇所的第一所呢！

西國三十三箇所小知識

指大阪府、京都府、奈良縣、和歌山縣、兵庫縣、滋賀縣和岐阜縣的 33 處觀音靈場「寺院」。

熊野那智大社

■ 地址：和歌山縣新宮市新宮 1 番地

全日本最適合吃螃蟹的地方【越前螃蟹博物館】

大家都知道日本有三大名蟹：「鱈場蟹」、「毛蟹」、「松葉蟹」，尤其松葉蟹更是日本人菜單上的「夢幻名蟹」，當然價錢……也很夢幻（笑）。這次要帶大家到全日本最適合認識螃蟹、最適合吃螃蟹的地方－「北陸越前」！

》螃蟹博物館

吃螃蟹前，當然要先好好了解一下螃蟹，而越前螃蟹博物館正是最適合的地方。它就在越前休息站「越前道の駅」旁邊，面向著日本海的越前海岸。

館內介紹了越前當地人如何捕抓越前蟹，包含器具用品等一一展示，不但重現了越前的捕蟹歷史，還有詳細的各種「越前蟹」資訊，包括標本、影片等等。展館中心甚至利用鏤空的三層樓，做出越前海岸及海平面下樣貌，讓孩子們一看就能清楚明白，自己住的土地下藏著什麼寶藏；不同深度有著不同的漁獲，還有日夜的不同變化，實在是非常用心。

利用三層樓的中庭模擬出越前的海域及螃蟹棲地。

館內不只有小而精緻的海底隧道，更有一大缸滿滿的越前蟹水族箱。導覽員爺爺熱情地用超簡單的日文幫我解說：「你有看到上面一點一點的嗎？那不是髒東西喔！那是今年才剛孵化的小螃蟹～」

第一次看到剛出生的小螃蟹，非常可愛且大開眼界！

119

「下面最大的那一隻，就是今年捕獲的極品越前蟹！就是照片看板上的那一隻～是極品喔！」爺爺你這樣講會讓我更餓啦（笑）～

不只越前蟹，博物館中還有各種螃蟹的標本，非常有趣。小小的一個博物館，卻讓人有滿滿的收穫，而且門票才500日幣！

「不准用看食物的眼神看我！」

》什麼是越前蟹？

日本三大名蟹中，最有名的就是「松葉蟹」（ズワイガニ），學名「楚蟹」；在丹後捕獲的稱為「間人蟹」，在福井北陸地區捕獲的則稱為「越前蟹」（一般被認為是松葉蟹中最高等級，也是以前唯一能上貢給天皇的頂級品），而只能活10年左右、體型較小的雌蟹統稱為「香箱蟹」。

在相同的海域還有其他螃蟹長得跟楚蟹很像，時常被搞混，但價錢卻是差了十萬八千里！除了生活的水域深度不同之外，從螃蟹殼側緣也可以判斷。

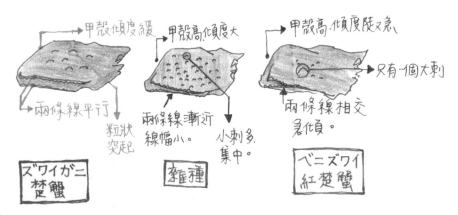

但並不是所有在北陸地區捕撈的都可以稱做「越前蟹」，只有在「三國」、「敦賀」、「越前」、「小濱」這四個區域捕撈的楚蟹，才能夠叫做「越前蟹」，而這些地方捕撈的越前蟹都會戴上黃色「GI 地理表示保護制度」牌子標籤，才是正港真貨！

但相信大家都有發現，越前蟹甲幅竟然只要超過 14.5 公分就算「極品」，很多人應該會納悶……14.5 公分很小欸，臺灣吃的沙公一隻都不知道幾公分了！14.5 公分究竟有什麼難得呢？

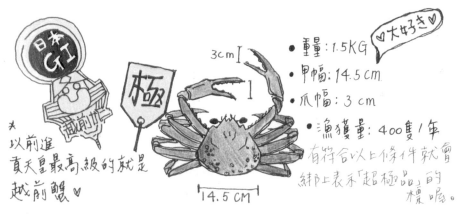

日本 GI

越前町

極

♡大好き♡

3cm

14.5 CM

* 以前進貢天皇最高級的就是越前蟹♡

● 重量：1.5KG
● 甲幅：14.5 cm
● 爪幅：3 cm

● 漁獲量：400隻/年

有符合以上條件就會綁上表示「超極品」的標籤。

✎ 掛著「極」的黃色標籤，代表是越前蟹體型較大的極品，重量跟甲幅都要超過一定的標準才夠資格配戴。

楚蟹在第 2 輪脫殼（約 1 歲）時，甲幅才 0.46 公分；第 6 輪脫殼（約 5 歲）時，甲幅 1.93 公分；第 11 輪脫殼（約 8-10 歲）時，雌蟹（香箱蟹）的甲幅 7.74 公分，而且這對雌蟹來說幾乎已經是脫殼的最終輪了，但雄蟹的甲幅也才 9.12 公分；直到第 13 輪脫殼（約 10-13 歲），甲幅才有可能到達 13 公分以上，難怪 14.5 公分以上的可以被稱為極品，根本就是蟹中之王嘛！

而且日本為了永續保護楚蟹資源，限定在每年的 11-3 月才能捕捉，雌的香箱蟹則為 11-1 月，捕撈期非常短，並且規定蟹殼甲幅一定要大於 9 公分（也就是至少要 8-10 歲以上的螃蟹）才可以捕撈，也難怪松葉蟹（楚蟹）如此珍（尢ˊ）貴！

≫ 最適合吃越前蟹的地方

　　螃蟹博物館對面有個活海鮮市場，超便宜又好逛，一些有受損（像斷腳之類）的越前蟹可以用超乎想像的便宜價格買到，而跟松葉蟹長得很像的「紅楚蟹」也是便宜到不行，個頭又大又健康～

🦀 最新鮮的越前蟹！

🦀 長得很像越前蟹的紅楚蟹超便宜！

　　如果跟我一樣無法自己料理，也住不起高級溫泉旅館，那就一定要來越前道の駅！休息站裡面不只有可以讓爸媽託管小孩的地方，還有溫泉可以泡，泡完溫泉再到餐廳吃這裡才有的「隱藏版豪華套餐」。

🦀 一公一母一次滿足！基本上一個人根本吃不完！

🦀 休息站竟然有溫泉！

　　在道の駅的餐廳裡，一隻越前蟹（公）加一隻香箱蟹（母）（都有 GI 地理認證）再加上一盤生魚片、超新鮮生牡丹蝦、一隻烤魚，這樣一整個套餐才 6000 日幣！而且都是當地捕撈最新鮮的，超級划算！

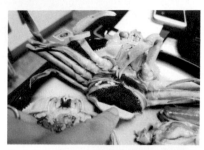

第一次吃到越前蟹，真的讓我下巴差點掉下來，因為實在是誇張的好吃，跟一般螃蟹的口感完全不同。越前蟹的肉質只能用「綿密細緻」來形容，我算是一個很愛吃螃蟹的人了，但這真的是我第一次吃到這麼好吃的螃蟹呢！

餐廳阿姨說，有些號稱吃到飽的餐廳或溫泉旅館，其實是拿較便宜的「紅楚蟹」來混淆，因為兩種蟹長得很像，否則越前蟹很少有那麼大隻的（笑）～～

下次有機會也可以來這裡，不但有溫泉泡還有螃蟹可以吃，價錢幾乎是溫泉旅館的 1/5 ～ 1/10，絕對划算。

越前蟹的口感紅楚蟹完全不能相比，只能說同種不同命～難怪價格差這麼多！

超美的日本海。

越前螃蟹博物館

- ■ 地址：日本福井縣丹生郡越前町廚 71-324-1
- ■ 門票：大人 600 日圓／小孩 300 日圓
- ■ 開放時間 9:00-17:00
- ■ 休息日：星期二
- ■ 交通：JR 武生車站，搭乘往鰈崎方向的福鐵巴士，並於「Active House 越前」站下車。

充滿怨念的自殺聖地【東尋坊】

在北陸這個充滿美食、美景的鄉下，其實還藏著一個與青木原樹海齊名的「自殺聖地」，究竟是什麼樣的地方呢？

》世界唯三奇景

這個特別的地方叫作「東尋坊」；東尋坊是 1200-1300 萬年前火山噴發時岩漿侵入、堆積、冷卻形成的「安山岩柱」，呈現五角或六角形的岩柱高達 25 公尺，就像是從海底長出來一樣，而且這樣的奇特地形綿延了一公里這麼長！

這樣奇特的景色全世界只有三個地方可以看到，另外兩處分別是「韓國濟州島」和「挪威西海岸」。不只可以在觀景台欣賞外，還可以往下走到安山岩柱上。站在 20 公尺高的岩柱上，看著拍打上來的浪花，眼前是無邊無際的日本海，真的是堪稱絕景！

當地政府為了維持天然景觀，堅持不在懸崖及海邊裝設圍欄，所以才可以拍到這麼奔放的日本海盡頭照片，雖然漂亮卻也非常危險……每張照片都是用生命換來的呢！想換個角度欣賞的人，還可以參加遊覽船，從海面仰頭看這些轟天高的石柱，感覺應該更加震撼！

》怨念聚集地

但這麼漂亮的地方卻是個與青木原樹海齊名的「自殺聖地」；傳說以前平泉寺有個叫「東尋坊」的和尚，常常欺負其他的和尚，後來他和寺中另一個和尚「真柄覺念」愛上了同一個女孩。

真柄覺念為了除掉情敵，於是在壽永元年（1182年）4 月 5 日這一天，在三國海邊設宴款待東尋坊，

然後再趁著他喝得爛醉的時候把他推下懸崖，從此東尋坊的怨念便在這裡盤旋不去。

每年到了 4 月 5 日這天，便會開始狂風暴雨，巨浪滔天，並打向東方的平泉寺。直到後來請法師超渡後才平息，並將這裡取名為「東尋坊」以祭怨靈。也因為這個傳說加上高聳地形，跳下去幾乎無法找到屍骨，越來越多人選擇來這裡跳海自殺，許多日本文學、小說也把這裡形容成「怨念聚集的地方」。

因此在東尋坊的海岸邊，還特別設有「生命電話亭」，小小的電話亭中，不但提供了打電話的零錢、心靈小語字卡，還有各類宗教書籍和求助的電話號碼，就是希望大家自殺前能鼓起勇氣打個電話求助，希望能多挽回一條性命。

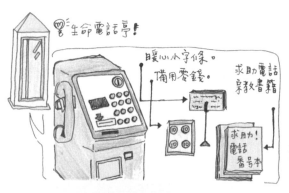

🔖 迷你版海膽鮭魚卵丼，一碗 800 日幣！

🔖 比迷你版再大一點的小碗，內容更豐富，價錢卻一樣親民！

≫ 超便宜海產

許多人會選擇到三國港吃海產，但東尋坊商店街不但能享受到跟三國一樣豐富的海產，價格更是「超激安」，而且人潮較少，不用人擠人～

我特別喜歡這邊海產店推出的「迷你版」餐點，不到 1000 日幣的價格，就能享用到超豪華的海鮮丼。但不要覺得「迷你」很小碗吃不飽，其實一般女生吃已經很足夠，剛剛好吃得完不會浪費，男生則可以多吃幾種，有更多的選擇，吃好吃滿！

東尋坊

■ 地址：坂井市三国町安島
■ 交通：JR 芦原温泉駅搭乘京福巴士到「東尋坊巴士站」下車。

貓控必去隱藏景點【御誕生寺】

本來是為了全世界前三大的「越前恐龍博物館」，才千里迢迢來到北陸，誰知道剛好遇上休館……。雖然很可惜，不過沒關係，因為在北陸還有一個連導覽上也很少提到，號稱日本最療癒的隱藏景點－「御誕生寺」。

》 被貓控制的寺廟

御誕生寺主要信奉釋迦如來。跟一般寺院有點不一樣，御誕生寺是一間「專門僧堂」，主要是讓僧侶修行、取得住持資格的研修道場，一年大概有三萬名左右的參拜人潮，不過～大多不是為了修行，是為了……「貓」！

日本人愛貓，也不乏有好幾間貓寺，但為什麼御誕生寺是我認為「最溫馨療癒」的呢？

2002 年寺院才建好沒多久後，竟然就遇上 4 隻被棄養的小貓。住持捨不得小貓流浪，本著護生的善心於是收留了貓咪，誰知道一傳十、十傳百 (?)，不知不覺貓咪們竟然就都聚集過來了……有被棄養的，也有自己流浪來找奴才的（笑），在極盛時期居然有多達 80 多隻貓咪呢！♥

也因為收養流浪貓，僧侶們的每日修行項目中，也增加了「照顧貓咪」這一項。但不只是收留，御誕生寺還做了非常感人的事……。

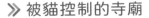

≫ 領養代替購買，購買幫助貓咪

很幸運的是拜訪這天幾乎沒什麼訪客，寺方非常友善地拿零食讓我到處餵貓。這些孩子都被照顧得很不錯，每隻都肥肥胖胖的～

寺廟中除了600尊地藏菩薩之外，還有貓地藏呢～（笑）

為了吃擠到臉扁掉的貓。

平安符。

繪馬▶

而貓咪們也相當爭氣、自食其力，寺廟裡充斥著各種貓咪相關的商品，像是貓占卜籤、貓腳印平安符、貓掛曆等等，就連御朱印都是滿滿的貓咪！你們以為有貓我就會買單嗎？……對！通通來一份～（瘋掉）

貓咪們除了賣萌自籌伙食費跟醫療費之外，寺方也會用來幫貓咪們結紮，定期舉辦認養會，推廣「認養代替購買」的觀念（非常佛心～）。雖然我不能認養日本的貓咪，但我可以透過瘋狂購買來幫助這邊的貓咪～（自己愛買，還推給貓咪）

來張平安福，求貓皇賜福平安！

127

≫ 萬貓堆中一隻狗

現在寺內大約還有 30 幾隻貓（數量不一定，有一些人會來丟貓……千萬母湯～），隨時都有貓來求關注，貓控一不小心就會融化。❤

但除了貓之外，寺廟還養了一隻黃金獵犬，叫做 Andy，今年 3 歲。

到訪當天，Andy 一看到下大雪就很嗨的跑出來玩雪，寺方還特別帶 Andy 跟我們玩丟雪球。來一趟御誕生寺，除了錢包不保之外，其他保證你通體舒暢，超級開心～！

奴才！快摸我別看狗！

超憨超溫柔的 Andy ♡

御誕生寺題外話

為什麼御誕生寺這麼少人知道呢？

因為想要到這裡，你得先到北陸，再到越前武生站這偏僻小鎮，然後再搭 15 分鐘的計程車，或一小時都不一定有一班的福鐵巴士，再走將近 500 公尺才能到這裡……所以，開心是有代價的。

御誕生寺

■ 地址：福井縣越前市庄田町 32-1-1

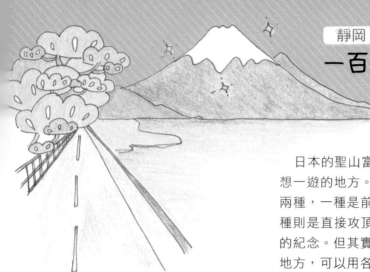

一百種富士山

　　日本的聖山富士山，是許多遊客夢想一遊的地方。最常見的行程玩法有兩種，一種是前往富士山中湖，另一種則是直接攻頂，兩種都是非常特別的紀念。但其實富士山周圍還有很多地方，可以用各種角度欣賞富士山的百款風情。以下介紹幾種不同的行程，供大家參考。

≫ 三保松原

　　說到日本澡堂的壁畫，大家第一個一定會想到富士山景。其中最常見的就是「有海、有松樹的富士山景圖」，而這個絕景就在靜岡縣清水市的「三保松原」。看過「櫻桃小丸子」的人應該對這裡不陌生，清水正是櫻桃小丸子的故鄉，而三保松原也在卡通中常常被提及。

從湛藍的清水港坐船就能抵達三保松原。

　　三保松原是一片美麗的海灘，在白沙海灘後，還有一大片美麗的松林，約有 3 萬棵茂盛的松樹，總長度約 7 公里。從前傳說這裡是將神仙所居住的富士山與人間串連起來的重要「橋梁」，這也是為什麼三保松原總是被與富士山畫在一起的原因，意謂著三保松原是通往富士山的入口！尤其冬天，更是欣賞富士山的超級景點！（冬天空氣清淨，看得比較清楚）

　　租一台腳踏車在松原悠遊，綠蔭蔭的松樹夏天遮太陽、冬天擋風，非常舒適。聽著海浪聲，看著眼前的富士山景，是我覺得所有欣賞富士山方式中最輕鬆自在的。沿途偶爾還能遇上棒球隊的帥學生們跑步集訓，讓好心情更加分。

除此之外，三保松原還有幾個很厲害的地方不得不提。「三保松原」除了與「天橋立」、「氣比之松原」，並稱「日本三大松原」之外，在日本百大、甚至千大的名勝景點中，三保松原可是「第一個」被指定成「日本名勝」並受到保育的景點，在大正 11 年（1922 年）就已經列入！更在 2013 年 6 月被登錄為富士山世界文化遺產的構成資產。

　　而且，日本最有名的仙女下凡故事「羽衣傳說」，也在三保松原。

　　不過現在看到的羽衣松樹齡只有 200 年，因為在 2010 年時，樹齡 650 年的第一代「羽衣松」健康狀況不佳，因此才重新培植現在的二代松。

🥢 傳說中的羽衣松非常壯觀！

羽衣傳說小知識

傳說有個年輕的漁夫某日來到三保松原，見到一位天女下凡在海中沐浴，一旁的松樹上掛著漂亮的羽衣，於是年輕人便將天女的羽衣藏了起來。

洗完澡後天女發現羽衣被拿走，急得哭了出來說：「沒有羽衣的話我就回不了天上了。」但最後漁夫並沒有將羽衣還給天女，而是把天女騙了回家，並和天女結婚生子。

另一個說法則是，漁夫要求天女跳舞給他看，看完天女絕妙的舞姿後，漁夫把羽衣還給了天女，讓她回到了天上。

》日本平

　　日本平其實是指清水一座「有度山」（うどやま）山頂及附近一帶。日本平在 1959 年被政府指定為日本名勝，並曾在 1980 年的日本觀光地百選競賽中獲得第一名，2016 年被列為「日本夜景遺產」。

在這裡可以看見整座富士山和清水市區及三保松原（當然還是要看運氣，我夏天去的時候就沒有看得很清楚）。幸運的話，可以拍到絕美的富士山景喔！

2018 年 11 月，新的天空步道開幕，就蓋在日本平原來的電波塔上，聽說可以看得更遠、更漂亮，千萬別錯過這裡！但我之前提過，冬天才能看到最清澈漂亮的富士山，日本平海拔好歹也有 300 公尺，冬天簡直冷得不像話，如果想要溫暖又高雅地欣賞富士山，那就一定要到「風景美術館」。

「風景美術館」其實是日本平飯店的美稱，因為這個飯店有一面高達兩層樓的超巨大落地窗，看出去剛好就是富士山景，真的美得就像一幅畫！晚上還有夜景可以看！但是住不起也不用擔心，可以像我一樣來這裡享用下午茶，一邊欣賞富士美景，一邊坐在沙發喝茶，真是再優雅也不過！

▲超大面的落地窗眺望富士山。

日本平飯店的午茶點心跟日本平纜車票一起買會有優惠喔！

既然來到了日本平，這裡剛好也是日本平纜車的起點，往上搭乘就可以到達靜岡最有名的「久能東照宮」。久能東照宮其實是江戶幕府創建人「德川家康」的家墓，一開始德川家康就是埋葬在久能山，後來才遷至日光的東照宮。

順帶一提，靜岡是日本首屈一指的「模型之都」，許多模型工廠都設置在這裡。靜岡的模型工藝之所以會這麼有名，聽說就是源起於東照宮細膩的工藝技法，因此許多知名的模型公司都會將自家的模型供奉在此。

華麗的東照宮在 2010 年被列為日本國寶。

就連鋼彈工廠也在靜岡。

德川家康是日本戰國時代的大將，也是日本 1598-1616 年的實際統治者，但身高才 155 公分……真是人不可貌相啊～

≫ 朝霧高原

朝霧高原是因富士山熔岩帶而形成的高原，因此樹木稀少又平坦，非常適合放牧。從昭和 29 年（1954 年）放牧乳牛成功以來，到現在已經是日本數一數二的畜牧地帶。而地勢高、阻礙少，也讓這裡成了欣賞富士山的絕佳景點。

朝霧高原上有許多觀光或私人牧場，有些免費開放參觀，而鮮乳和自製霜淇淋是這裡絕不能錯過的美食！真的超～好～吃！

牧場阿伯不停跟我炫耀他用 IPHONE 拍的各種絕美富士山；阿伯驕傲地說：「富士山所有樣子我都看過了～」還集結成冊送了我一本！

但！來朝霧高原只是呆呆地看富士山就太遜了～這裡可是著名的滑翔傘大本營！坐著窄窄的單軌列車爬上高原，再從海拔 1000 公尺的高原上乘坐著滑翔傘緩緩飛下，從半空中欣賞壯闊的富士山，又是另一種不同的全新感受！

由於朝霧高原交通比較遠，有許多人會選擇在這裡過夜。這時候就不得不順便提一下，我找的「朝霧高原滑翔傘學校」不但價格便宜，滑翔傘結束後還提供免費的午餐。我當天吃到的是超好吃的咖哩飯～重點是！他們竟然還提供「免費的住宿」，而且是獨立的房間，浴室也非常乾淨，只收 600 日幣清潔費，還提供乾淨的毛巾！晚上老闆還會開車帶你去最近的 7-11 採購晚餐與消夜，只能說實在是太佛心了！

巨大富士
1000公R

朝霧高原滑翔傘學校

■ 地址：靜岡縣富士宮市根原 282-1

>> 富士山謎團

聊了這麼多富士山，但大家知道，富士山的山頂其實不屬於日本政府嗎？

富士山海拔約 3360 公尺以上那白白的山頂部分，其實是「私有地」。為了讓來日本的旅客能和富士山一起拍照，日本政府每年都要花天價和富士山的「主人」承租，不然現在我們就只能拍一半的富士山了（笑）～而富士山的主人，就是位在富士山上最有名的「淺間神社」！

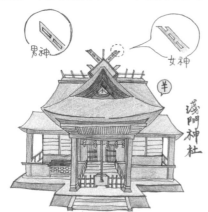

其實富士山最早是屬於「德川家康」的（難怪靜岡縣堅持富士山也是靜岡的，因為德川家康最後也葬在靜岡的久能山東照宮，可以說是跟德川家康最有淵源的地方之一），後來德川家康把富士山捐贈給淺間神社，一直到明治維新之後，富士山才被收歸國有。第二次世界大戰後，日本又慢慢把這些徵收來的土地還給民間，最後富士山也在 2004 年回到淺間神社的懷抱。

富士山其實是座活火山，而富士山的「本宮淺間大社」正是為了平息富士山爆發而建的神社，也是全國 1300 多間淺間神社的總本社。除了供奉神體富士山之外，同時也供奉了「木花開耶姬」（被視為是跟富士山溝通的巫女），也就是天照大神的孫子「瓊瓊杵尊」的老婆，日本第一代天皇「神武天皇」的曾祖母。因為供奉的是女神，因此在神社的外觀上也有點不同。

而木花開耶姬的姐姐「磐長姬命」（石長比賣），供奉在京都貴船神社結宮，因為長得比妹妹醜而被瓊瓊杵尊退婚，從此特別關照感情不順的人，成為保佑結緣的神明。（關於磐長姬命的故事請參閱貴船神社 P.60）

光看屋頂就能知道這間神社拜的是男神還是女神喔！

日本最有名的自殺聖地【青木原樹海】

🖋 這裡設有勸阻自殺的告示牌，看到會覺得渾身不自在。

　　日本有一個非常有名的森林，傳說在這裡所有指南針都會失效，這裡，就是位在富士縣的「青木原樹海」，是日本人的「自殺聖地」！

≫ 神秘自殺傳說

　　青木原樹海之所以開始跟自殺扯上關係，是因為 1960 年代有一位日本作家松本清張，在小說《波之塔》中寫到女主角走進這座森林裡自殺，再加上有諺傳青木原樹海地下有磁鐵礦，會導致所有指南針失靈，不但容易迷路，就連要進來搜救也相當不容易，既不容易被打擾，也很適合默默地死去，因此這座神秘的森林就變成所有自殺者「最適合死亡的聖地」。這股風潮在 2004 年到達巔峰，光是那一年就有 108 人在青木原樹海自殺。

青木原樹海的確會造成指南針偏移，但真正的原因是因為這裡屬於玄武岩地質，而指針偏移也頂多 1-2 度而已，現在的 GPS 在樹林裡完全都可以正常使用喔！

》 獨特的青木原樹海

其實青木原樹海擁有非常特別的地質，為日本地質重要的研究之地，是火山噴發產生的熔岩流發展出的原始森林和洞穴，標高約介於 920 公尺–1300 公尺之間，面積約有 3000 公頃。

但就是因為青木原樹海是生長在「熔岩」上，因此樹根無法向深土裡延伸，所有樹根只能沿著地面生長，盤根錯節地綿延一大片。而且環境只要有些變化，樹木就很容易傾斜，所以看起來格外詭異，讓人不禁把森林和靈異、恐怖聯想在一起。也因為這裡特殊的環境，讓它被稱做「敏感森林」。

另一個造成大家對於青木原樹海有錯誤印象的原因，就是這裡的樹種非常單一，所以如果沒有照著指標走，就會覺得看起來長得都一樣，因此很容易迷路，完全搞不清楚方向。

其實青木原樹海非常漂亮，尤其是夏天，一點點薄霧加上成片綠油油的樹海，看起來就像是個神秘的人間仙境，感覺非常有靈性，同時還孕育著多樣化的生命，對於喜歡大自然的人來說，這邊也是另一種「聖地」。

》 富岳風穴

在青木原樹海中有兩個非常有名的洞穴「富岳風穴」和「鳴澤冰穴」，是日本政府指定的「天然紀念物」，很值得來這走一趟。

富岳風穴是在 864 年富士山側火山「長尾山」爆發時造成的熔岩洞穴，是一個全長達 201 公尺、高達 8.7 公尺的橫向洞穴，地形相對平穩好走，是青木原樹海岩漿洞穴中最巨大的洞穴之一。

洞內平均溫度為 3 度，從以前一直到昭和初期，都被用來儲存蠶蛹和種子，讓種子可以順利發芽，因此現在在洞穴裡也可以看到保存的蠶繭與種子。

還有一個很不可思議的地方，就是在這麼大的洞穴裡就算你叫破喉嚨也不會有回音，後來才知道，因為玄武岩洞穴會將回聲吸收，很多人說這是「天然隔音牆」，但我覺得這裡倒有點像是「天然犯罪地點」……（大誤）。

》 鳴澤冰穴

比起風穴，冰穴就更神秘有趣了。平均溫度只有 0-3 度，為垂直狀的洞穴，深 21 公尺，洞內的高低落差很大，其中一段路甚至只有 91 公分高，幾乎是要彎著腰才能前進。

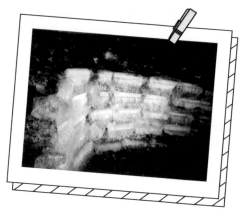

由於冰穴就在西湖旁，以前的人會趁冬天西湖結冰時，將湖冰運到冰穴中保存，當作「天然的冰箱」，到夏天時再取出來送到城內給貴族與官員們使用，因此現在冰穴裡也能看到一大塊、一大塊堆疊的冰堆。

　　這個洞穴下面是萬年永凍層，但就在地底冰湖的旁邊，有個深不見底的「地獄穴」，在日本綜藝節目「黃金傳說」中也有被介紹過。根據告示牌上所寫，至今都不知道這個垂直洞穴通往哪裡，但傳說，這個洞穴的最終點，可以直通江之島的「鹽屋洞窟」，也就是江島神社的發源地。怎麼想都覺得不可思議，江之島距離鳴澤冰穴可是有近 2 小時的車程呢，因此這個傳說，至今仍是未解之謎。

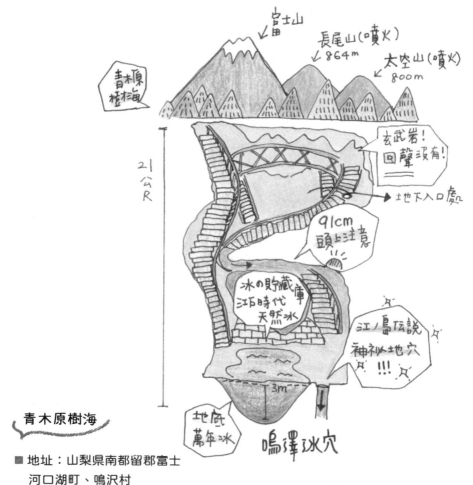

青木原樹海

■ 地址：山梨縣南都留郡富士河口湖町、鳴沢村

日本人一生必朝聖【金刀比羅宮】

》金刀比羅宮

　　被稱為「こんぴらさん」的金刀比羅宮，是日本全國金刀比羅神社、琴平神社和金比羅神社的總本宮。

　　原本供奉的「金毘羅」是海上交通守護神，不只漁民，就連造船廠新船下水啟用前也都會來祈求平安。二戰前，每年都會在這裡舉辦日本帝國海軍慰靈祭，戰後則是改為海上保安廳掃海隊殉職者的慰靈祭。

神社內景色非常清幽。

》一生必去之地

金刀比羅宮不只守護海上安全,更是帶來元氣和幸福的神社,傳說只要來到金刀比羅宮,就能斬斷厄運、迎來幸運。我最喜歡的就是每個鳥居上都能看到「帶著微笑迎向幸福」的字樣標語,讓人不自覺心情都好了起來,好像斬斷了惡緣,幸福就要來了,也因此,這裡被日本人稱為一生一定要來參拜一次的聖地,每年都吸引超過 400 萬人朝聖。

但還有另一種說法是,一般庶民是被禁止長途旅行的,但如果你是要去參拜「香川縣的金刀比羅宮」、「三重縣的伊勢神宮」和「京都的東西本願寺」,就可以不受這個限制,因此才會有一生必去參拜一次的說法。

》全日本最難參拜的神社

除此之外,金刀比羅宮還被稱為是「日本最難參拜的神社」。不只是因為遠在四國香川,更是因為它位於 521 公尺的象頭山半山腰,從入口到本殿就要先爬 785 個階梯,如果還想到奧宮參拜,那你就要爬上 1368 階!是一個會爬到讓人崩潰的程度,看來膝蓋不好或體力不夠的人,想得到幸福也沒這麼容易(哭)。

但如果你真的無法爬樓梯,這裡還保有日本已經所剩無幾的人力抬轎,稱為「石段駕籠」,但是也僅止於抬到大門而已,從大門到本宮這段還是只能靠自己步行。嗯⋯⋯看來,有錢的人還是比較容易擁有幸福啊(大誤)。

🔺 每一小段就會有石碑提醒你還有多少樓梯沒爬⋯⋯

>> 金刀比羅狗

在以前要到金刀比羅宮參拜一趟並不是容易的事情，尤其對於行動不便或是臥病在床的信徒來說，更是困難重重。因此逐漸發展出把錢和祈求心願紙條放進小袋子中，或是寫在木牌上，然後掛在狗狗脖子上，由狗狗代為前去參拜的「代參犬」習俗，稱做「こんぴら狗」。而路上的人們看到代參犬也會非常熱心幫助狗狗，讓牠們能夠早日抵達完成任務！

金刀比羅宮裡的こんぴら狗看起來非常卡通，很有喜感！只要 100 日幣，就能在本社抽金刀比羅犬的籤詩，還會附上鍍金的小狗牌，超划算！就連護身符都有金刀比羅犬的造型喔～狗奴們買起來吧！

>> 五人百姓

好不容易走到神社大門口，會看到五個很像時代劇場景的攤販撐著油傘，他們是「五人百姓」。

其實在金刀比羅宮內是禁止商家擺攤的，除了這五間販賣「加美代飴」的攤販。傳聞是因為這五家人的祖先在建宮的時候有很大的貢獻，因此才能享有這樣的特權！

而他們販賣的「加美代飴」有點像是厚版的畫糖，是柚子口味的麥芽糖，非常好吃！金色半透明的糖果做成像是金磚的樣子，可以用附在盒內的小金錘打碎糖磚大家一起分著吃，感覺超級吉利的！

金刀比羅宮

■ 地址：香川県仲多度郡
琴平町 892－1

>> 讚岐烏龍麵學校

香川的舊地名，其實就是赫赫有名的「讚岐」！沒錯，就是烏龍麵的那個讚岐～所以香川又有「烏龍麵縣」的暱稱喔！

在金刀比羅宮附近，有個「中野烏龍麵學校」可以讓遊客體驗烏龍麵製作，做好了還可以直接來一份道地的讚岐烏龍麵。雖然這個行程非常觀光、沒什麼挑戰性，但是真的超級歡樂，很多日本人也都會來這邊上課。

課程分為兩個階段，第一階段從揉麵團開始。雖然麵團已經先幫你調製好，但老師會細心講解依據四季而改變配方的不同比例！接著老師會幫大家分組，最少兩人一組，接下來～ Music ！老師就會放音樂讓你跟著音樂一邊搖擺，一邊踩麵團，而另一個人則要負責拿著鈴鼓搖旗吶喊～～害我都不知道到底哪一個比較丟臉了……麵團完成後老師會提供袋子讓你帶回家，等麵團發好後就可以拿來煮囉！

製麵規定二人一組，因為另一人要幫忙「加油打氣」～！

恥力十足

麵團

　　第二階段，老師則會給每個人一塊已經揉好的麵團，進入切烏龍麵教學。寬度多少是最佳黃金比例，怎麼樣才能切得漂亮，通通都學得到喔！到這個步驟，課程就算完成啦～

　　最後老師會依序頒發修業證書給大家。修業證書上的木桿，還可以取下來當作擀麵棒使用，真是超有紀念意義的小禮物！

畢業証書

卒業

金刀比羅宮地圖。

桿麵棍

神伝帳

▲完整的製麵秘方！

私の造ったうどんです
切り幅ゲージ　　　中野うどん学校

切好後帶著麵條來到餐廳，每個人都有一組小火鍋，老師會告訴大家煮幾分鐘最剛好，再附上醬汁和青蔥，接下來就可以輕鬆享用自己專屬的讚岐烏龍麵啦！真的 HEN 好吃啊～（流淚）

中野烏龍麵學校

■ 地址：香川縣仲多度郡琴平町 796

》 花嫁 OIRI 霜淇淋

在金刀比羅宮一帶，不只烏龍麵，這裡的霜淇淋也超級有名。我想，大概是為了安撫在大熱天辛苦來爬樓梯參拜的人吧（笑），口味之多，竟然還有烏龍麵口味呢！(⊙ д ⊙)

但我最喜歡的就是「幸福花嫁 OIRI 霜淇淋」（花嫁お入りソフトクリー），這是一種超級夢幻的少婦冰淇淋（沒錯，真的是少婦不是少女）。這種冰淇淋是用當地的特產「三盆糖」做成，上面再灑上滿滿的彩色米菓球，顏色之粉嫩完全不需要開濾鏡！

少女心噴發

「おいり」香川傳統米菓

開心到翹小指

而上頭這種五彩的米菓球，就叫做「おいり」（oiri），是日本香川的特產。至於為什麼取名為少婦冰淇淋呢～（人家明明就是叫做新娘冰淇淋！）是因為香川當地的傳統習俗，當女生要嫁到男方家時，一定會帶這種「おいり」過去（嫁妝的概念？），同時也是象徵著新娘嫁過去後像彩球般圓圓滿滿，並像滾動的球一樣，替這個家努力勤奮的工作（太慘了吧……），最重要的是，因為要嫁人了，所以不能稱作少女，要改叫作少婦冰淇淋啦（笑）。

貓之王國【青島貓島】

準備從九州離開，前往四國，但因為實在太想去傳說中的貓之王國－青島，於是最後決定晚上從北九州的小倉港出發，搭夜班渡船去松山港，一大早抵達後就直奔青島，銜接順暢。

21:55 的船班，早上 06:00 就能抵達松山港，二等艙單程費用 5450 日幣，還省了一晚的房間錢。船上的二等艙大約有 30、40 個床位，但這天只有 7、8 個人入住，非常舒適。上網就可以預訂船位，現場再付款即可。

》 遙遠的青島

到貓島的路途其實非常遙遠，船抵達松山港後，要先搭 JR 到伊予長濱站，然後再搭船前往青島。船班一天往返只有四個班次，人太少還會直接不開船！所以想要去青島也是要看運氣 DER ～千萬要注意喔！

🐾 在伊予長濱站換搭船班前往青島。

》 貓咪當家

這個小小的離島現在只有不到 15 個居民，但貓咪卻有上百隻！真的可以說是貓咪當家，貓奴的天堂！

這裡的貓咪都非常聰明，知道船就是載著奴才跟食物而來，因此只要船一到港，貓咪們就會迫不及待蜂擁而上，準備挑選奴才，先搶先贏的概念（？）。

漁港邊的貓多到就像喪屍來襲，一不小心就會踩到貓。這裡的貓大多都算親近人，當然也有些是高冷派跟害羞派，如果幸運的話，也有可能遇到撒嬌不手軟的大魔王，保證你飼料、零食通通乖乖交出來！

島上非常悠閒，雖然沒有任何商家，但是仔細留意，在港邊、巷弄裡到處都有貓咪的蹤跡。風和日麗的上午，安靜閒適地看著風景，主子們則溫柔的陪在一旁，這樣的生活也太幸福了吧！但要注意的是，這裡大多都是一般居民住家，要提醒大家別隨便闖進人家的院子，請尊重當地的居民喔～

≫ 正確貓咪餵食法

為了島上的整潔，請大家到指定的餵食場才能進行餵食。臨時才決定要來的我來不及買飼料，但別擔心，如果你跟我一樣，其實可以到處撿其他遊客亂餵的飼料（指定場以外的地方），既可以幫助環境整潔，又可以省錢（？），這樣收集下來其實還蠻多的，很足夠跟貓貓互動了！

以下是一位國外專業貓奴教我的「正確貓咪餵食法」，大家參考看看囉！

青島上還有座非常古樸的神社就位於貓咪餵食場旁，想必這裡的貓咪應該也都有受到神明的庇佑吧。

帶大家一起看看貓島上的主子特輯～

神隱少女湯屋在這裡
【道後溫泉】

舒爽

≫ 文豪筆下的愛媛

相信大家應該聽過日本大文豪「夏目漱石」，他的肖像曾被印製在 1984-2007 年間發行的千元日鈔上。

這位大文豪似乎很喜歡四國的愛媛，在他 1906 年最受歡迎的長篇小說《少爺》中就有提到，主角「少爺」成長於東京，因緣際會來到松山擔任英文教師，至今也能在道後溫泉站尋找到許多夏目漱石筆下的愛媛面貌喔！

明治至大正時期的作家兼時事評論家，以長篇小說《我是貓》聲名大噪，在日本近代文學史上有崇高的地位，被稱作「國民大作家」。

🔖 愛媛松山車站於 2013 年跟台北松山車站締結為姊妹站。

≫ 少爺列車

出了車站，第一眼就能看到小說中少爺赴任時，乘坐的一台「像火柴盒般的火車」。這是當時伊予的觀光蒸汽機關火車，而也因為這部作品被稱作「少爺列車（坊っちゃん列車）」，現展示於道後溫泉站前。

乘坐一次要 300 日幣

秀啦～

≫ 日本最古老的溫泉

書裡還寫道，相較於繁華的東京，在松山這個冷清的鄉下，唯有溫泉好得不得了。少爺的生活重要消遣，就是到道後溫泉泡湯，泡完湯再吃兩串糯米糰子，因此，這裡的三色糯米糰也稱作「少爺丸子」。

連文豪都稱讚的溫泉，不得不跟大家介紹一下。松山最有名的「道後溫泉」，還有一個傳說是一隻因腳傷所苦的白鶴發現岩石間噴出的溫泉，便每天飛來將腳浸泡於泉中，漸漸的腳傷竟然就痊癒了，讓大家更相信道後溫泉的神奇治癒力。

「道後溫泉」和兵庫縣的「有馬溫泉」、和歌山縣的「白濱溫泉」並稱是日本三古湯，也是日本最古老的溫泉，至今已有 3000 年的歷史！據說聖德太子（飛鳥時代，西元 574-622 年皇族）、天智天皇（日本 38 代天皇，西元 626-672 年）和天武天皇（日本 40 代天皇，西元 631-686 年）都曾來這邊泡過湯。

道後溫泉的 1 樓是公共澡堂，2 樓是付費休息區，3 樓則是私人休息區；在古色古香的澡堂和一堆老人家一起泡湯，感覺超級溫馨也超融入在地。然而，這裡還有個隱藏版的房間特別有名，一個是「少爺房間」，又稱為少爺湯，因為夏目漱石曾在這裡泡澡，而另一個則是「又新殿」，它更是全日本唯一「皇室專用的浴室」呢！

道後溫泉現在的本館是在 1894 年重建的，不只被列為「國家重要文化財」，更是宮崎駿大師作品「神隱少女」中湯婆婆的油屋真實取材靈感場景之一。不管你是跟著千尋、少爺、還是皇室的腳步，總之，一起來道後溫泉泡個湯，輕鬆一下吧～❤❤

道後溫泉本館

- 地址：松山市道後湯之町 5-6
- 營業時間：6:00-23:00（售票至 22:30）
- 公休日：無
- 費用：大人 420 日圓／兒童 160 日圓

147

夢幻的東洋馬丘比丘
【別子銅山＋竹田城跡】

別子銅山礦區

在四國愛媛縣的新居濱市，有個隱藏在深山中的秘密景點，號稱是日本的天空之城－「東洋馬丘比丘」。除此之外，它也是日本近代發展的重要見證。

》 日本財團的金銀島

這個神秘景點叫做「別子銅山」，與秋田縣的「小坂礦山」、栃木縣「足尾銅山」並稱日本三大銅山。

在二戰之前，整個日本的經濟幾乎由「三菱」、「三井」、「住友」與「安田」四大財閥掌控，其中「住友集團」擁有長達 400 多年歷史，是日本最古老的企業之一。

而「別子銅山」正是住友集團一切財富的起點！在元祿 3 年（1690 年）時，銅山有著可觀的銅礦蘊藏量，並由住友集團的創辦人「住友政友」開創經營。當年的日本雖然擁有豐富礦藏，但由於煉製技術不高，所生產的東西品質相對較低。住友政友因為一個偶然的機會，掌握了當時最先進的煉銅技術，加上又坐擁別子銅山，從此日益壯大！

從元祿 4 年到昭和 48 年（1691-1973）約 280 年間，一共出產了 70 萬噸的銅，為日本的貿易與近代化做出很大的貢獻，住友集團更一度自稱是「全球最大的銅出口商」。直到今天，新居濱市仍被稱作「住友工業城」，所以說是這個銅山讓住友成為日本大財閥也不為過。

》 東洋馬丘比丘

隨著別子銅山於 1973 年正式「閉山」，礦場也跟著荒廢，尤其因為地處偏遠、與世隔絕，紅磚建築孤立在雲霧深山中的樣子孤傲又神秘，因此有了「東洋馬丘比丘」的封號，也有人稱為「天空之城」！

東洋馬丘比丘

別子銅山

≫ 別子礦山樂園

礦山關閉後，一部分比較靠山腳的礦區被打造成觀光園區，稱為「マイントピア別子」。這裡算是很用心經營，對於別子銅山的歷史與重要性，從開礦歷史、山間礦區模型展示，到各類礦產介紹，都用非常簡單且平易近人的方式解說得相當清楚。

以前為了將別子銅山的礦石運到海邊，建造了完整的礦山鐵路。山裡的礦區

作業軌道是「上部鐵道」（很可惜已經停用超過百年），而將礦產運下山的則稱為「下部鐵道」。目前有一部分被園區作為觀光用途，可以乘坐復刻的礦山軌道車，經過以前的舊下部鐵道前往礦坑遺址。

搭著礦山火車可以來到三大礦場其中之一的遺址「歡喜坑」（但知道礦山死了多少人後就一點也不歡喜了……），裡面完整還原了開山當時礦坑內的生活和用品外，也能親身感受一下在陰暗礦場裡，隨時擔心坍崩的那種感覺。

✎ 在別子挖到的超大金礦原石，換算為現在的價值大約是 2642 萬元，好想抱走啊～（誤）

礦山鉄道

因為這邊人潮原本就稀少,如果你跟我一樣又是在平日前來,那可得想清楚了～會有種莫名的恐懼感,總覺得後面有人(抖～～),所以跟我一樣的膽小鬼,一個人進礦坑前可要想清楚啊(忠告)。

裡頭也有很多互動遊樂性的體驗,人雖少但保養可一點都不馬虎,像是礦坑索道、負重體驗、開鑿體驗等等,非常寓教於樂也很適合小朋友。整個走下來邊看、邊學、邊玩,也得花上 1、2 個小時呢!

我非常喜歡這個礦坑遺址,有機會前來別忘了了解一下別子銅山的歷史喔!

🪶 礦坑內的繩索吊車體驗。在狹窄的礦坑中只能乘坐一個人,而且還要自己操控,是個非常能體驗礦坑生活的一項設施。

🪶 以前在礦坑工作的人很辛苦,揹著日用品或礦石下山回家,一趟就是 6 公里。從元祿 4 年(1691 年)到昭和 13 年(1938 年),一直都是用這種搬運方法喔!

女生:30kg
男生:45kg

仲持體驗

》 礦山淘寶

整個別子銅山樂園的腹地很大,除了有各資料展區、戀人鐘、網紅打卡區、食堂等等,竟然還有溫泉會館!不過我最喜歡的,還是讓人可以懷抱夢想、一夜致富的「淘金體驗」(其實台灣也有,但日本的真的教得很仔細)。

館方將各種礦石列出，並有工作人員細心教你如何利用旋轉搖晃的離心力找出藏在礦砂中的寶藏，而我的目標很簡單，就只有「金」跟「銀」而已！其他都不要！畢竟能不能一夜致富就看這次了（笑）！

別子礦山樂園

■ 地址：愛媛縣新居浜市立川町 707-3
■ 時間：【礦山觀光】9:00–18:00 ※ 因季節而異
　　　　【別子溫泉 ~ 天空之湯】10:00–22:00
　　　　（21:00 起截止受理）

✎ 一個人有 30-40 分鐘，看我多認真啊！只是……我淘出的金跟銀加起來連半粒米大小都不到，看來這次的致富計畫又失敗了 QWQ

番外篇

天空之城 竹田城跡

其實除了別子銅山，日本還有一個神秘的地方也被稱為「天空之城」、「日本馬丘比丘」，那就是位在兵庫縣竹田市的－「竹田城跡」。

「竹田城」也名列在「日本百大名城」中，在西元 1443 年時就已經存在，至今有 600 多年歷史，比別子銅山的礦區遺跡還要早了 200 多年！

因為江戶幕府時發布了一國只能有一城的命令，因此竹田城在 1600 年時遭到廢城拆除的命運，只剩下石牆、護城河和古井等遺跡，其他都被鬱鬱蔥蔥的樹木和花草佔據。此城座落於古城山（虎臥山）的山頂，海拔高 353.7 公尺，2006 年入選為日本 100 名城。

「竹田城」被稱作天空之城，不只是因為座落在古城山山頂，更是因為這裡水氣充足，再加上地形優勢，每年秋季

從旁邊另一座山的立雲峽可以看到整座城飄浮在空中的模樣。

約9月至11月的日出前到上午8點左右，都會湧起磅礴的雲海將古城圍繞，看起來就像是飄浮在空中一樣夢幻！

雖然沒有遇上秋天的美麗雲海，但夏天綠油油的風貌也別有一番風情。在城上眺望山景和山腳下的市景，非常開闊舒心，美麗極了！再加上古城的城跡長滿了許多樹，反而更增添神秘感，層層疊疊的城跡非常壯觀，不難想像當初古城整個蓋起來佇立在山頭的雄偉模樣。

不過，從竹田站要走40分鐘才能抵達竹田城跡，整個城跡漫遊一圈也要1、2個小時，所以若來這邊參觀時間要預抓好。

桃太郎的故鄉
【吉備津神社 + 鳴釜神事惡鬼占卜】

整個山陰地區可說是日本神話和傳說最豐富的地方，從小聽到大的桃太郎故事，背景就是在岡山；這裡不只是晴天王國，更是盛產白桃的水果天堂，也難怪會有桃太郎從桃子誕生的傳說。

一出岡山車站，就能看到滿滿的童話軌跡。搭上桃太郎列車，車上廣播響起，是小時候外婆常哼給我聽的「もも太郎さん」前奏，這趟尋找傳說桃太郎之旅就要正式出發！

》吉備津神社

岡山有兩個神社都被稱作桃太郎神社，但我這次要帶大家去的是「吉備津神社」，這裡供奉的就是桃太郎的原型人物－「吉備津彥命」大神。

神社所在的吉備津車站是個班次很少、人更少的無人小站。走到吉備津神社的路上風景非常美，兩排松樹和稻田傍著山巒，感覺真的就像會有婆婆在河邊洗衣服的鄉下場景。

進入吉備津神社，一眼就能看到刻有「平賊安民」的木匾，相當符合桃太郎為民除害的精神。吉備津神社的拜殿與主殿都是在 1405 年天皇命當時的幕府將軍重建，1425 年遷座完成，至今已有近 600 多年的歷史，光是建築本身就堪稱是日本國寶。

尤其主殿的屋頂可是「日本唯一」！這種屋頂稱為「比翼入母屋造」建築樣式，也被叫做「吉備津造」。簡單的說，就是一般常見的本殿與拜殿屋脊線從空中鳥瞰是「Ⅱ」圖形，但比翼入母屋造則為「H」型，中央為連結起來的結構。

除此之外，這裡還有一條長達 360 公尺的木造迴廊，沿著自然地形建造，再加上平常參訪的人不多，真的很適合漫步拍照。

》 桃太郎神社的秘密

輸了已經很可憐了還被說成惡鬼……

桃太郎在日本故事的地位之高，是因為這不只是個傳說，而是改編自大和朝廷的侵略歷史故事。

相傳在日本第十代天皇「崇神天皇」時期，有一位來自朝鮮擅長冶鐵、名為「溫羅」的王子，以岡山的「鬼城山」地區作為根據地，處處欺壓當地百姓。備受欺凌的當地居民苦不堪言，向鄰近的大和朝廷

（現今日本王室）求援。於是朝廷派出了皇子「吉備津彥命」率領了三位手下：「犬飼武命」、「樂森彥命」、「留玉臣命」前往討伐。經過多年的激戰，吉備津彥命終於成功打敗溫羅，成為桃太郎神話的原型，而戰敗的溫羅就淪落成大家口中的惡鬼。

關於這個故事還有很多有趣的後續，但我先來介紹一些桃太郎神社有趣的冷知識。

在吉備津神社門口左側，可以看到有顆長滿青苔的大石頭叫做「矢置石」，傳說當年桃太郎跟惡鬼溫羅雙方打得不可開交，趁著一個空隙，溫羅丟了一顆大石頭直直朝桃太郎飛來，説時遲那時快，桃太郎一個 MOVE 拿起弓，射出了兩支箭！一支射中溫羅的眼睛，一支則射中石頭，箭沒入石心，而這顆「矢置石」就是桃太郎射中的那顆！

好～看完左邊看右邊；右邊有塊寫著「官幣中社 吉備津神社」的石碑，所謂「官幣社」指的是國家祭祀的重要場所，每年年祭時會接受皇室的幣帛供俸，表示吉備津的社格僅次於「官幣大社」（如：伏見稻荷大社）。

但有趣的是，這碑文的題字者叫做「犬養毅」，他的祖先就是隨著「吉備津彥命」一起出征的「犬飼武命」，也就是跟隨著桃太郎的那隻狗狗。更妙的是，這位曾擔任 29 屆日本總理大臣的犬養毅先生，竟然還是國父孫中山先生革命時期的日本好友（嚇!!），據說「中山」二字就是犬養毅所取名的呢！

≫ 桃太郎故事後續

桃太郎打敗溫羅後，溫羅淪為大家口中的惡鬼，所建立的「鬼城山」也成了著名的「鬼之城」。（另一說法，岡山的女木島其實才是溫羅的鬼城！）

雙方大戰時，受傷的溫羅偽裝成雉雞逃跑，吉備津彥命化身老鷹去追，眼見快被追趕到時，溫羅再度變身鯉魚逃進「血吸川」，吉備津彥命則化身為鵜飼追趕，最後在現在的「鯉喰神社」追上了溫羅，把他的頭給砍了、吊在樹上。以上這些傳說之地，大家也都能在岡山找到相對應的地方喔！❤

≫ 全日本唯一的惡鬼占卜

你以為故事到這裡就結束了嗎？只是頭砍下來掛在樹上就沒事了嗎？人家可是惡鬼耶，哪有這麼容易死！於是桃太郎只好又把溫羅的頭從樹上拿下來，改埋在現在吉備津神社的地下，但是溫羅可能死得不太甘願，還是整天在地底鬼吼鬼叫，讓桃太郎很困擾。

直到某天，惡鬼溫羅托夢跟桃太郎說：「我一個人在這裡好可憐～如果你願意叫你老婆阿曾女煮飯祭祀我，我不但不再搗蛋鬼叫，還願意幫你占卜民間吉凶，守護鄉里！」於是，桃太郎就在埋葬溫羅鬼頭的上方蓋了鍋釜，而溫羅也用他的鬼吼來幫大家占卜吉凶作為報答。因此，吉備津神社有了聞名日本，唯一由惡鬼來占卜的「鳴釜神事」！

至於究竟怎麼占卜？以下就帶大家來體驗一下～（裡面禁止攝影，只好畫給大家看囉！）

≫ 鳴釜神事

「鳴釜神事」在神社深處的「御釜殿」舉行，不論人數多寡，占卜一場是 3000 日圓起跳，但其實金額的差別只在於附贈的祭祀牌大小而已。

阿曾女小知識

「阿曾女」是桃太郎的老婆，因為沒有留下姓名記載，所以只能以出生地阿曾地區來記錄。現在負責祭祀的「阿曾女」，也都是選擇阿曾地區的女性來擔任。

很多遊客無法深入體驗這項全日本唯一的神事，大多都是因為語言的問題。但我真的非常幸運，因為遇到的阿曾女婆婆竟然會英文～♥♥

填寫完占卜資料後，阿曾女婆婆會請神主前來主持神事，而阿曾女婆婆則負責祭祀的事宜。一開始會由神主念祭文，並向溫羅報上我的姓名資料和占卜項目，再由阿曾女婆婆走向神釜進行祭祀。

婆婆會拿著白米在鍋釜上炒，然後添加柴火煮沸鍋內的水，並掀開鍋上的蓆草退離鍋釜，等待溫羅的回應。聽說如果溫羅回應了鬼吼，時間越久越大聲代表越吉利，反之則代表不吉祥。

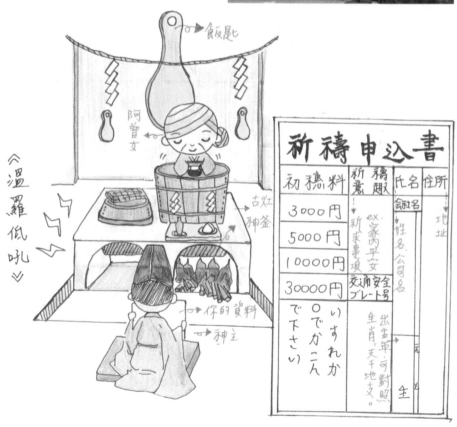

157

因為我祈求的是「家內平安」，所以在等待回應時特別緊張，很怕沒有出現傳說中的溫羅鬼吼。就在我緊張到腳都麻了的時候，突然一陣「震天巨響」出現……我真的沒有誇張，真的是連地板都會震動的那種！

一股很不像人間會有的聲響，低沉沉的隆隆隆隆響了起來！（雖然網路上很多人說是某種物理反應，但親耳聽到真的會覺得那不是這世界有的聲音!!）這一聲又響又長，直到儀式結束，神主向我道賀離去後仍不間斷。阿曾女婆婆跟我說這是非常吉利的徵兆，對我來說真的覺得很不可思議。

我：「因為是祈求家內平安，所以很擔心溫羅不會吼……」

婆：「對啊，就是因為這樣，我擔任阿曾女這麼久，自己卻一次也不敢占卜。之前有個小姐來問身體健康，結果什麼聲音都沒有，我跟她說，就算迷信也好，去檢查一下身體吧。後來她回來謝謝我，因為檢查出來是癌症初期，還好及早發現！」（聽完真的嚇歪！）

我：「其實我覺得溫羅被埋在地下聽起來有點可憐。」

婆：「是呀，如果今天溫羅打贏了，他就變桃太郎了，變成是吉備津彥命在這裡占卜了呢！」

我：「婆婆，為什麼你英文這麼好？」

婆：「因為跟你一樣大的時候，我也很喜歡去旅遊世界呢～」

結果整個下午，我都在御釜殿跟阿曾女婆婆聊天，而吉備津神社獨特的鳴釜神事，也被我寫進了日本之旅的記憶中。算是完滿了小時候和外婆一起學唱桃太郎兒歌的記憶，成為我在岡山最美好的一天。❤

吉備津神社

■ 地址：岡山市北區吉備津 931

■ 開放時間：4:30-18:00

■ 交通：從 JR 吉備津站步行 10 分鐘可達

日本牛仔褲王國【兒島・纖維之町】

「日本的牛仔褲很有名」這件事情在我的腦袋裡一直跟木村拓哉連結在一起，也不知道為什麼。不過說到牛仔褲，日本牛仔褲的發源地，其實就在岡山的「兒島」。

≫ 纖維之町

岡山的「兒島」，在明治時期被稱做「纖維之町」。我們先來講一下兒島這個小鎮的故事吧！

兒島成為「纖維之町」的原因其實有點誤打誤撞。16 世紀時，這裡因為土壤鹽分過高不適合種稻米，當地農民不得已只好改種棉花，結果反而讓岡山的紡織工業興起，生產出全國最好的棉製品！不管是工廠還是學生制服，有泰半幾乎都在兒島生產。

🔹 連偉人二宮金次郎都穿上兒島的牛仔布～

20 世紀初，隨著合成纖維的崛起，兒島的紡織業也跟著受到衝擊。此時，美軍帶進來的牛仔褲休閒風潮，剛好很符合日本戰後的需求與情懷，於是 1965 年，兒島生產出第一條日製牛仔褲並成功熱銷，讓一度垂死的岡山紡織工業又得以從淺灘中浮出，此後便以生產牛仔褲聞名。

≫ 充滿單寧的小鎮

「在兒島牛仔褲街找一件中意的牛仔褲吧！」岡山的觀光網站上這樣寫著。

一踏進這個城市，絕對讓你下巴合不起來，因為從電梯、販賣機到車站，甚至是街上的公車，都被滿滿的丹寧給覆蓋，簡直就像是一個用牛仔布做的城市。

小鎮上還有一條非常著名的牛仔褲觀光街，最讓大家喜歡的，就是那高高懸掛在空中的牛仔褲裝飾，隨興慵懶的風格，與我們熟悉的日本非常不同！

其實仔細看牛仔褲街，還是會看得出歷史老舊的痕跡，但兒島卻用牛仔褲重新為老街區換上活力的新氣象，也邀請了許多藝術家、設計師前來駐店，除了有各式各樣的牛仔褲店之外，還有許多融入牛仔褲特色的咖啡廳和文創雜貨店，非常好逛。

週末和國定假日，兒島還推出限定行駛的「牛仔褲巴士」，可以來趟輕鬆的景點巡禮喔。

》Betty Smith JEANS 牛仔褲工廠

很多人到了岡山卻沒來兒島，或是來了兒島卻只去了牛仔褲街，但其實兒島的「牛仔褲博物館」，才是我推薦值得一逛的地方。

博物館是由 1962 年在日本創立的 Betty Smith JEANS 品牌所成立。博物館共有兩間，第一間介紹關於牛仔褲的資料和兒島牛仔褲的歷史，另一間則是牛仔褲工廠所改建，展示了牛仔褲的製作、加工及歷史沿革。另一邊則有布料工廠區、染色加工區等等，可以親眼看到牛仔褲在工廠生產的情形，而且無料見學！

連公車上提供的觀光地圖都是放在牛仔褲裡～

Betty Smith JEANS 牛仔褲工廠

- ■ 地址：岡山縣倉敷市兒島下之町 5-2-70
- ■ 營業時間：09:00-18:00
- ■ 公休日：元旦假期
- ■ 費用：免費

》專屬牛仔褲親手做

　　既然都來到發源地了，「親手做一自
己的牛仔褲」應該也是非常合理的。從選
牛仔褲開始，到鈕扣和名牌的挑選，上千、
上百種創意隨你搭配，然後跟著老師的指
導，親手將鈕扣釘上，最後在褲管上刷出
自己喜歡的花紋，就完成了一件全世界獨
一無二，專屬自己的特色牛仔褲啦！

※ 第一次看到釘鈕扣的機器！

※ 多到眼花撩亂的個性鈕
　扣任你挑選。

※ 就連褲牌都有超
　多樣式，選擇障
　礙的人可能會瘋
　掉～

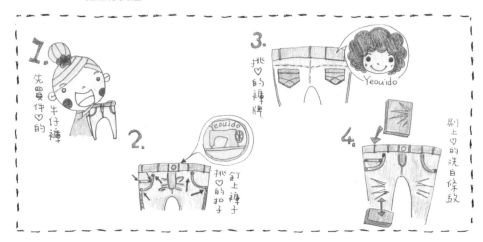

161

工作室裡也有許多資深的裁縫師，現場有任何需求都可以馬上修改，保證你拿到一條最滿意的牛仔褲！能在日本牛仔褲發源地製作一條獨一無二的牛仔褲，可以說是個非常有紀念意義的體驗！

而且在體驗館旁，還有一間你千萬不能錯過的 Outlet ！超多種類的丹寧產品，全都是 Made in Japan 的好貨，價格也比外面便宜不少！來這邊……我只能勸你看緊荷包，或是努力賺錢吧（笑）！

》 藍色食物大集合

在兒島的街上，可以發現不少以牛仔褲為靈感的可怕「藍色食物」，例如藍色的漢堡、藍色的冰淇淋、藍色的肉包，在美觀倉敷街上的倉敷デニムストリート牛仔專賣店前也可以找到。坐在牛仔褲店前一邊享用著這些藍色美食，別有一番滋味～至於好不好吃～就等大家自己來體驗啦！

倉敷デニムストリート

■ 地址：岡山縣倉敷市中央 1-10-11

■ 營業時間：10:00-17:00

■ 休息日：無

日本 眾神都在這【出雲大社】

說實話，島根縣是日本比較冷門的景點，但我卻非常喜歡這裡，因為比起岡山，島根更是真正的神話之國，所有出名的日本神話幾乎都可以在島根和鳥取一帶找到喔！

》 日本最古老的神社

出雲市是神話的故鄉，尤其「出雲大社」更是日本文化地位中非常崇高的古神社，佔地 27000 平方公尺，是「日本最古老的神社」，每年有超過 600 萬人前來參拜！

社內祭拜的是號稱人間（日本）開國大神的「大國主大神」，也就是熊野本宮大社所供奉的素盞嗚尊的兒子！

出雲大社的正殿風格稱為「大社造」，與三重縣伊勢神宮的「神明造」及大阪府住吉大社的「住吉造」，並稱日本最古老的三大神社建築風格。就連 JR 出雲大社站，也是仿造出雲大社的樣貌所建蓋。

》 出雲神話

這邊來跟大家說說日本的神話故事，因為很複雜，所以簡單講（笑）。在天地初開時，「伊邪那歧」與「伊邪那美」二神創造了日本列島，也就是日本及眾神最初父母，然後他們又生了「三貴子」，分別是「天照、月讀及須佐之男（素盞嗚尊）」。素盞嗚尊因為某些事被逐出神國而來到人間，並且斬殺了怪物八岐大蛇，抱得美人歸（稻田姬），最後在出雲這個地方定居下來，建造了出雲國。

素盞嗚尊不只有一個老婆，他的元配其實是他同母的姊姊－天照大神，而其中一個妻子則是我們熟知的稻田姬。而且素盞嗚尊有超多孩子，統稱八十神，大國主神就是素盞嗚尊的其中一子。

大國主神接受了各式各樣的試煉後，取得出雲的統治權，努力建造國土，教導人民農耕、捕魚、養殖，也以慈悲的心醫救萬民，被視作是真正開拓出雲國的神明。

但根據《日本書紀》中記載，大國主神完成了造國的大業以後，卻將國家讓給了他爸爸的姐姐，也就是他姑姑「天照大御神」。天照大神的後代子孫神武天皇建立了日本朝廷，換言之，天照大神就是天皇與日本皇室的始祖祖先。

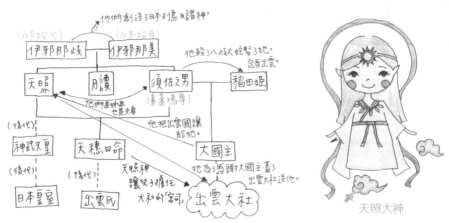

天照大神

神武天皇小知識

傳說神武天皇享壽 127 歲，並於西元前 660 年即位，建立日本朝廷，延續至今亦已有 126 代，被尊為日本開國之祖。

天照大神對於大國主神沒有私心的「讓國」行為非常感激，所以就為大國主神建造了「天日隅宮」，也就是現在的「出雲大社」，還讓自己的兩個兒子擔任天日隅宮的宮司（神社中地位最高的神人員），之後世世代代流傳。

也因為天照大神就是皇室的祖先，因此出雲大社不只在神話中地位崇高，現實中對於皇室也有非常重要的地位。新天皇繼位時，出雲大社的宮司也都會到天皇面前獻上賀詞。

》全國的神都在這裡

傳說中，當大國主神把人間國度（日本）的統治權讓給了天照大神之後，大國主神則得到了幽界的統治權。也就是說，人間事務與物質層面通通交給天照大神跟他的天皇子孫來管理，而大國主神則掌管跟精神層面有關的事情。

每年農曆 10 月 11 日至 17 日，日本全國所有的神明都要奉大國主神之命，從日本各地來出雲大社開會，討論關於人間的運勢與姻緣。完全素不相識的人，要從相遇到結婚，一切的緣分都是在這個會議中決定～（感覺這個會要開很久……）也正因為如此，出雲大社被視為日本最重要的結緣神社。

正殿的左右設有東十九社及西十九社，是讓從日本各地來參加會議的眾神在聚會期間住宿的地方（超貼心的，簡直就是一個旅館的概念）；也因為全日本的神在 10 月的時候都來到了出雲，所以這個月一般在日本稱為「神無月」（因為全日本神社這個月都沒有神在 XD），而只有在出雲這個地方的 10 月，稱為「神在月」！所以想求保庇的話，10 月來出雲大社，全國的神都會聽見你的願望～～（誤）

主要供奉的國寶御本殿也是日本少有的「高等建築」。「高等」，是指建築的高度很高，有 24 公尺，而且平安時代的古代文獻中曾出現「出雲大社比奈良大佛殿（46m）還要高」的記載，傳說平安時代曾高達 48 公尺，更遙遠的古代甚至有到 96 公尺！而且就在近年，神社境內發掘到了 3 根為一組的巨大支柱，似乎也間接證明了這個傳說。

也因為出雲大社實在太過神聖，因此出雲大社的「正殿」是給神明專用，不對外開放，就連皇室一族也不能進去呢！

🖌 島根政府的模擬圖，實在太不可思議啦！

≫ 良緣注連繩

出雲大社最驚人的就是超巨大的兩個注連繩。一個是拜殿的注連繩，大約 8 公尺長，1.5 噸重；神樂殿的注連繩則是長達 13 公尺，重達 5 噸！！

欣賞注連繩的時候，也許你會看到有人一直抬頭在丟東西，那是因為神樂殿的注連繩有個結良緣的傳說，如果站在注連繩底下拿著硬幣（尤其是 5 元日幣）往上丟，錢幣能成功卡住而不掉下來的話便會帶來好運。但很可惜神社已經駁斥了這個傳說，而且這樣的行為會加速注連繩的損壞，所以如果有看到這景象記得要阻止他（笑）。

≫ 出雲大社小知識

關於這個神秘又神聖的神社，其實還有幾個有趣的小知識可以跟大家分享。

- 小知識 1

在出雲大社求來的籤，好的要綁在松樹上，壞的則要綁在杉樹上。但至於好壞籤怎麼區分，這就要請谷哥大神翻譯了⋯⋯

- 小知識 2

同樣是良緣神社，在京都最有名的是清水寺境內的「戀愛地主神社」，供奉的也是大國主神喔！

- 小知識 3

一般日本神社參拜都是二拜二拍手再一拜，但出雲大社的參拜方式則是傳承古法，遵循「二拜四拍手再一拜」，比一般神社多了兩次拍手，不只腰痠，手也很酸（大誤）。

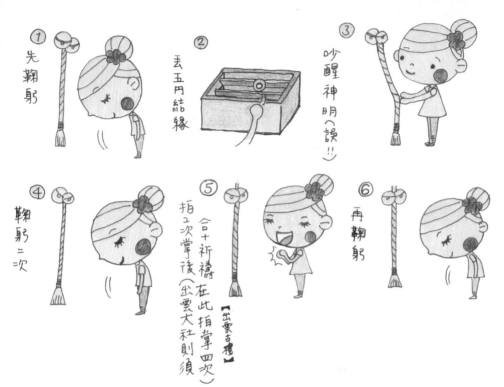

① 先鞠躬

② 丟五円結緣

③ 吵醒神明（誤！！）

④ 鞠躬二次

⑤ 拍二次掌後合十祈禱 在此拍掌四次（出雲大社則須）【出雲古禮】

⑥ 再鞠躬

≫ 因幡白兔

在出雲大社中，隨處都能看到可愛的兔子雕像，他們是「因幡白兔」。關於因幡白兔，在鳥取有一個專門供奉因幡白兔的「白兔神社」，詳文請見鳥取地方的「兔子幫你談戀愛」介紹（p.186）。

出雲大社

■ 地址：島根縣出雲市大社町杵築東 195

日本最夯戀愛占卜【八重垣神社】

古代結婚式発祥の地

≫ 最古老的結婚聖地

　　島根最有名的「結緣神社」除了出雲大社之外，另一個就是八重垣神社！出雲大社主祭大國主神，而八重垣神社供奉的則是大國主神的爸媽，也就是打敗了八岐大蛇的「素盞嗚尊」與逃過蛇口的「稻田姬」。（詳情請見「妖怪特集」P.178）

　　這裡是素盞嗚尊與稻田姬結婚的地方，因此也被視為「日本最古老的結婚場所」，民眾深信來這裡就能祈求婚姻幸福與良緣。

日本最古老的結婚場所

≫ 鏡池傳說

　　八重垣神社還有個古老靈驗的傳說：八重垣神社的奧宮，就隱身在神社後方的樹林中，奧宮前，是一池清澈乾淨如同鏡子般的泉水，此「鏡池」被稻田姬用來當作鏡子，天天梳妝。聽說稻田姬會透過神秘的鏡池，指引女性戀愛幸福的方向，而且相當靈驗！

》鏡池占卜

　　想要試試鏡池占卜的少女們，可以先在神社購買「空白」的占卜籤，然後到鏡池前向稻田姬誠心發問，再拿 10 元日幣壓在占卜紙上，慢慢放到水面。接下來，占卜紙就會漸漸浮現出內容，以及「真命天子所在的方位」！

　　壓了 10 元硬幣的籤紙如果飄得越遠，就代表緣分的「距離」越遠，反之，離你越近表示緣分就在你身邊！而如果籤紙下沉得越快，表示緣分來的「時間」越快，反之，如果久久都未下沉，就表示緣分還要再等一段時間。

　　如果超過 15 分鐘籤紙還沒沉下去，那⋯⋯建議你暫時還是把心思放在其他事情上好了（壞）。

　　不得不說，這個鏡池占卜真的很玄妙，和我同時放下籤紙的兩個日本女孩，她們的籤幾乎是一放下去就沉入池底了；儘管那天下著雨，籤紙上也押了 10 元日幣，但我的籤就是很堅持浮在池面上，堅持到我都快要放棄了，它才緩緩沉下去⋯⋯看得我心好酸啊！

　　明明都是一樣的籤紙，怎麼會差這麼多咧？真的很神奇，大家不妨親自來試試看！

沉不下去⋯

八重垣神社

■ 地址：島根縣松江市佐草町
■ 交通：從 JR 松江站乘坐市營巴士 15 分鐘可達

島根最古老美肌溫泉【玉造溫泉】

≫ 玉造溫泉

在出雲大社附近還有個「島根最古老的溫泉」，在平安時代被認為是三大名泉之一，和「城崎溫泉」、「皆生溫泉」並列為山陰極具代表性的溫泉，源泉溫度超過 42 度。

之所以被稱為美肌溫泉，是因為根據東京一份研究報告指出，玉造溫泉屬於硫酸鹽泉，可以提高肌膚的含水率～女人是水做的，肌膚水嫩人就自然漂亮啦！

日本三神器：勾玉。

≫ 勾玉之鄉

玉造溫泉的名字，是源自溫泉街東側的花仙山。相傳花仙山盛產青瑪瑙，自古以來就是製造勾玉的名鄉，所以才稱作「玉造」。

在日本神話中有三個神器，分別是天叢雲劍、八咫鏡及八尺瓊勾玉，這三大神器代表著日本皇室的神權，其中的八尺瓊勾玉，據說就是花仙山的青瑪瑙石所製成。

所以整條玉造溫泉街都能看到勾玉造型的裝飾，從勾玉橋旁下到玉湯川，可以看到河中央有一個以石塊圍成勾玉形狀的區域；在勾玉的前端還有一塊青色的石頭，被稱為「幸福青色瑪瑙石（しあわせ青めのう）」，據說只要過去摸到這塊石頭，就可以得到幸福。

≫ 讓人流連忘返的溫泉街

雖然玉造溫泉街非常商業化，但是卻不會讓人反感，反而處處都能發現貼心和用心之處，讓人流連忘返。

據說玉照溫泉是由幫助大國主命建國的「少彥名命」所開設的湯；身為神話之國，在玉照溫泉街、玉湯川的兩旁，可以發現許多以出雲國神話為主題的雕塑，每個雕塑旁邊還有對應的故事介紹，非常生動有趣，讓人對當地有更深入的了解，是不是很用心呢？

另外，像是勾玉橋或是一些比較特別的景點，都會看到一隻「自拍不求人」的鐵桿，桿子上是一個帶有凹槽的平台，讓旅人用來放置手機自拍，而且位置都幫你喬好了，有沒有很貼心？

玉造溫泉的泉質之好，甚至還有當地的美妝品牌特別用玉造溫泉為基底，推出各種美肌保養品。但如果你預算有限，也可以前往「湯藥師廣場」上的小涼亭，裡頭有個勾玉石造型的小溫泉湧出，一旁備有許多小噴霧塑膠瓶，只要投入 100 日圓就可以拿一個，讓你把美肌溫泉水裝進瓶中帶回家。聽說當作噴霧保濕效果非常好，不妨來試試看吧！

>> 處處都是你的免費足湯

畢竟是溫泉之鄉，來這裡沒有住溫泉旅館最少也要泡個足湯才行。沿著玉湯川一路散步，可以在川邊看到標著溫度的石頭，即代表這裡是溫泉湧出的地方；當然，你也可以沿著路邊的階梯下到川邊，有圍起的足湯區可以直接坐在川邊泡腳。

在「姬神廣站」（湯姬大明神）的姬神雕像旁，也有個無料的足湯涼亭，讓你泡著暖暖的美肌溫泉舒緩走了一整天的雙腳，瞬間感覺好像可以再走 10 公里（笑）！

足湯是免費的，一旁也有浴巾提供給遊客，只要投下 100 日幣，就可以自助取用。

>> 花小錢泡大溫泉

在玉造溫泉街上有許多溫泉旅館，但是溫泉旅館的價錢，連日本人都覺得奢侈！不過如果你真的很想全身都泡在美肌溫泉中，那就一定要去「玉造溫泉ゆーゆ」。它非常好認，外型像是一個大碗放在一棟房子上，只要 500 日圓，就可以享受各種溫泉設施！

溫泉館在 3 樓，2 樓是無料的榻榻米休息室，1 樓則是充滿免費試吃的物產館，連西瓜都有在提供試吃，而且沒有工作人員一直盯著你。可以在這裡先試吃一會兒之後上樓泡個溫泉，再到 2 樓休息看電視，離開前再到物產館買伴手禮，安排得是不是很完美！

》獨一無二的玉石護身符

溫泉街後面還有個玉作湯神社，祭奉的是「勾玉之神」，又稱「櫛明玉神」。據說早期的勾玉製造業者，以及日本的寶石業和鐘錶業者，或是和水晶玉石相關的行業，都會來祭祀這位神明。除此之外，神社也祭奉「玉造溫泉之神」與「湯姬大明神」。

但最特別的是，你可以在玉石之鄉製作一個專屬自己、獨一無二的玉石護身符－「成願石」！

首先，在神社購買成願石（叶い石），一個 600 元日幣。石頭外型每個都不太一樣，由於放在袋子裡看不到，所以不是你挑石頭，而是石頭選擇了你！接著到神社後方，可以看到一塊大石頭，稱作「真玉」，也就是玉造溫泉之神「湯山王大神」；先用清水把自己的成願石洗乾淨，接著也取一瓢倒在真玉上表示敬意，再將自己的成願石貼在真玉上，一邊默念祈求心願，一邊吸取真玉的精氣⋯⋯啊不對！是將真玉的大自然能量分一點到你的成願石上！

最後再回到拜殿，將心願寫在紙籤上並放入專用信封中，寫上自己的姓名與地址誠心參拜，投入木箱中神明就能確實收到祈願，而成願石就是你和神明的小信物（是這樣說嗎？）⋯⋯總覺得是種很神秘但又有趣的儀式啊（笑）。

玉作湯神社

■ 地址：島根縣松江市玉湯町玉造 255 番地

出雲鐵道之旅

出雲地區因為大社的關係，從很早以前就非常熱鬧，因此鐵道也十分發達，至今都還保存了不少可觀的東西。初次來這裡的人，快跟我一起來趟出雲鐵道之旅吧！

》 宮殿等級貴族車站

除了 JR 出雲站和一畑電車外，其實在出雲大社附近還有一個「舊大社站」，這個車站是為了因應絡繹不絕的參拜人潮，而在 1912 年時開通的。

車站現在看到的模樣是 1924 年所改建，是大正時期宮殿式的建築風格，超級華麗。整個外觀為純日式的木造建築，而且為了配合大量人潮，設計成無支柱的大廳，非常特別！並在 2004 年被指定為國家重要文化財。

車站內也展示了以前的鐵路文化、超懷舊的人工售票機和站務看板等等，甚至還有專門為皇室參拜出雲大社而準備的貴賓室。在以前，從大社車站到東京還有直達的臥鋪列車呢！

一次世界大戰之後，可以説是大社站最輝煌的時期。大正 28 年正月的三天之內，出雲大社竟然有高達 15 萬人前來參拜，其中有 26000 人都是坐火車從舊大社站而來；同年 5 月大阪到大社之間的出雲號特快列車，則載運了高達 129000 名乘客。

但可惜隨著二戰爆發及種種原因，大社站最後還是逐漸走向沒落，在 1990 年 4 月正式廢止。

進到車站月台，眼前的景象夢幻到讓人不敢置信。舊有的鐵路已經長滿了花草，就像一片綠意盎然的花草地毯，隨著鐵路無限延伸，沒有盡頭。就算人不美站在這邊拍張照也很有感覺（壞）～

月台上的木製站牌也很有特色，懷舊得好像穿越了時空。一旁的剪票口竟然多達七個，不難想像當年人潮擁擠的盛況。

大大方方地穿越軌道後，發現中間的月台旁還停了一輛日本非常具代表性的蒸汽火車「D51 系」，統稱 Dekoichi。日本至昭和初期為止，蒸氣火車還相當盛行，之後才漸漸轉換成電氣火車，據說這台車是 1974 年，在日本本州運行的最後一輛蒸氣火車，到大社站不但能親眼看到，甚至還開放讓你上去參觀，真的非常難得！

出雲舊大社站

■ 地址：島根縣出雲市大社町杵築東 195

■ 交通：從 JR 出雲市站搭乘巴士 30 分鐘至「出雲大社」站，步行 5 分鐘

» 出雲最美鐵道

　　然而比舊大社站離出雲大社更近的，就是一畑電車出雲大社前站。

　　一畑出雲大社前站的車站非常特別，裝置得像是歐洲的小教堂；這個 1 個小時才一班車的小車站其實也大有來頭，建於 1930 年，在 1966 年被登錄為國家有形文化財。

　　站內還展示了日本最古老的半鋼製電車「DEHANI50 型 52 號車」，現在好像也還在運行喔！根據官網表示，一畑電車不但有駕駛體驗，甚至列車上還有供應啤酒，有興趣的朋友可以留意一下，別錯過了！

　　不過最美的景色，反而是我從出雲大社往一畑電車走去的路上。就在抵達一畑電車出雲大社站前，一段鄉野鐵道的景象深刻地烙印在腦海中，真的是美不勝收，讓這趟出雲鐵道之旅留下難忘的美好記憶。

日本葡萄酒之鄉

出雲不只是神話之國，更是著名的葡萄酒產區。在 1950 年代左右，島根縣因為多雨而導致葡萄賣相不佳，因此開始轉型將葡萄釀酒，漸漸成為日本的知名葡萄酒鄉，沿途都可以看到種植葡萄的農場和結實累累的葡萄藤。

≫ 島根葡萄酒廠

島根葡萄酒廠距離出雲大社不到 3 公里距離，不管是騎腳踏車或坐公車都非常方便。但要留意的是，行經酒廠的公車每天只有五班。

島根葡萄酒廠是歐風建築，非常漂亮超適合來當網美打卡，重點是這裡可以「免費見學」！從葡萄採收後碾碎、榨汁、發酵、在橡木桶中熟成，一路到裝瓶出貨，整個流程都可以透過玻璃窗參觀，也有詳細的說明。

≫ 葡萄酒「無料」放題

見學當然是很重要，但島根葡萄酒廠最值得來的原因並不在此，而是一旁的商品販售館，因為這裡有「免費無料的葡萄酒喝到飽」！

你沒有看錯，我也沒有亂講，在這裡提供了十種不同甜度、口味、濃度的紅白葡萄酒，一大盆、一大盆的任你試喝到飽！每一種酒都清楚地介紹了成分、特色和味道，讓你在購買前更有概念，也不用怕買錯～根本就是天堂！

賣場的另一邊是土產伴手禮區，一樣是滿滿的試吃，工作人員也都非常大方招待。只是……一邊吃一邊喝酒雖然很幸福，但小心一不勝酒力就會忍不住通通買回家（傻笑）。´▽`

島根葡萄酒廠

- ■ 地址：島根縣出雲市大社町菱根 264-2
- ■ 交通：從 JR 出雲市站乘坐路線巴士 20 分鐘

妖怪特集
【境港・妖怪王的故鄉】

》 鬼太郎的故鄉

《鬼太郎》是由日本著名的「妖怪博士」漫畫家水木茂創作的漫畫，連載於 1959 年，而鳥取縣的境港市就是水木茂老師的故鄉，也是以妖怪聞名的城市。

就連前往境港的列車，都是充滿妖怪的「妖怪列車」。一路上行經的小車站，在月台上有著各種妖怪的介紹看板，列車停靠的時候都能看到，真的非常用心，好像真的要慢慢進入到妖怪的世界一樣。

抵達後，在境港車站別忘了拿一本「妖怪導覽地圖」，跟著地圖找到藏身在境港小鎮中各式各樣的妖怪，收集印章還可以拿到「妖怪完走證」喔！

從妖怪麵包店、妖怪神社到妖怪樂園，境港可說是一個不折不扣的妖怪村，非常值得喜歡日本妖怪故事的人親自來走一趟，挖掘更多的樂趣。

順帶一提，境港同時也是日本重要的漁港，在 1992-1996 年曾連續五年蟬聯日本第一的漁獲量，1993 年更創下了 6900 萬噸的驚人紀錄！

日本是個充滿妖怪傳說的鬼怪大國，我這趟也走訪了不少妖怪之地，這次就把喜歡的妖怪畫出來跟大家分享～

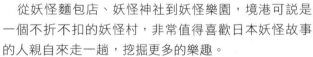

甚至還有妖怪神社呢！

≫ 八岐大蛇／島根出雲地區

八岐大蛇是日本神話傳說中的大妖怪，喜歡喝酒，有八條尾巴、八個頭、身體有八座山峰、八條山谷這麼大！

素盞嗚尊被放逐到出雲國時，遇到一對夫妻，他們有八個女兒，但已經有七個都被大蛇吃掉，只剩下最後一個女兒名叫「稻田姬」。素盞嗚尊為了保護她，自告奮勇要去剷除大蛇（愛情真偉大！），最後不但殺死了大蛇，還在蛇尾發現了神兵器，也就是傳說中著名的「天叢雲劍」，最後也順利的娶了稻田姬當老婆，定居在出雲國。（更多關於八重垣神社的有趣故事請見 P.168）

八岐大蛇

這個故事其實也是一種神話隱喻；日本人認為八岐大蛇象徵著大洪水，固定一段時間就會破壞稻田、吞吃作物（故事中的八稚女），而素盞嗚尊擊退大蛇，就代表著神明治水成功，拯救眾生。

日本神器小知識

象徵日本天皇神權，代代流傳的三件神器：「八咫鏡」、「天叢雲劍」和「八尺瓊勾玉」。

八咫鏡（やた の かがみ）：傳供奉於三重縣伊勢市的伊勢神宮。

天叢雲劍（あま の むらくものつるぎ）：又名「草薙劍」，傳供奉於名古屋市的熱田神宮。

八尺瓊勾玉（やさかに の まがたま）：傳供奉於東京的皇居。

≫ 客人神／和歌山縣

不要看客人神一臉慈眉善目，祂可是所有妖怪的頭目呢！若是妖怪之間有紛爭就會找祂主持公道。

祂會悄然地進入別人家中白吃白喝，但不會害人，反而會保護供祂落腳的那戶人家。在著名的漫畫《靈異教師神眉》中，也曾經出現過。

我是誰？

≫ 塗壁／福岡縣遠賀郡

塗壁是一面愛惡作劇的牆壁，常在半夜出現擋住路人的去路，越心急就越走不過去，越容易被纏上。這時候只要拿出棍子，往祂的下方攻擊就好。（塗壁一定是男的!!）

≫ 黑齒女／中部地區

江戶時代女子出嫁時會將牙齒染黑，而黑齒女就是懷著無法出嫁的怨恨而死去的女子。頭戴結婚的角隱帽，身穿華麗和服，用手遮著臉，但並不會主動害人，是善良又可憐的妖怪。和祂打招呼的話，祂就會用沒有五官的臉回眸一笑。

≫ 長頸妖／福島

又稱「轆轤首」，由於頭和脖子常在無意識的狀況下分離（有一種説法是脖子會伸長，有一種説法是頭和身體會分離到處飛），所以醒來時往往沒有記憶，因此家人會在祂們的脖子上綁紅線以防頭回不來，所以地方上有習俗「不能娶頸上有紅繩的女人」。

≫ 二口女／千葉縣

傳說是在飢餓和戰亂中死去的小孩靈魂，所以特別喜歡附身在女性身上。會在後腦勺長出一張嘴巴，不停地進食，若未找到本體供俸的話，會直到宿主撐死為止。也有一説二口女是山姥的化身。

179

≫ 一反木棉／鹿兒島大隅

一反，是一種長度單位，大約長 10.6 公尺、寬 30 公分。祂會從山上飄下來並在空中繞圈圈，然後只要看到天黑還沒有回家的小孩就會去攻擊他，是很可怕的妖怪！

吃豆腐吧！

天黑還不回家

≫ 豆腐小僧／鹿兒島今泉縣

時常在下午出現，手中捧著「紅葉豆腐」到處請人吃。但如果你真的吃了祂手中的豆腐，就會全身發霉（？）～這到底是哪門子的妖術啊！

≫ 枕返／靜岡縣

日本古時候認為人睡著的時候靈魂會進入到夢中，而枕頭就是身體和夢境的連接，因此，枕返會把枕頭顛倒或移動，讓人的靈魂無法從夢境中回來，也稱翻枕妖。在著名的漫畫《靈異教師神眉》中，也曾經出現過。

付喪神小知識 (九十九之神)

日本人相信物品如果放置超過一百年，東西就會有靈魂，而不愛惜東西的人就會被付喪神找上！因此人們在年前的大掃除，就是為了不讓家中物品堆灰塵，也一併整理家中舊物，不讓祂們變成付喪神，這就是除夕大掃除的由來！若有置放很久的物品，就會送到神社供奉。

傘化け

≫ 唐傘小僧

付喪神的代表，最廣為人知的形象。

醬守

≫ 醬守／小豆島

釀醬油桶的守護妖怪，會在半夜出現安靜地吃著素麵。

≫ 垢嘗

　　半夜出現在浴室舔汙垢的妖怪，由刷子變成的九十九之神。（拜託來我家打掃吧！你絕對不會餓死的～）

≫ 鐮鼬／甲信越地方

　　日文中也寫做「窮奇」，是風妖的一種。很愛惡作劇，三隻一組，第一隻負責將人絆倒，第二隻用鐮刀手將人割傷，第三隻負責塗藥，所以盡管會留下割傷的痕跡，卻不會流血也不會痛。

　　鐮鼬傳說多發生在寒冷地區，科學家認為跟環境有關係。尤其在寒冷的山區，皮膚表面水分蒸發吸熱而導致變冷，皮膚即容易產生組織變性後進而發生撕裂現象。

≫ 隱れん坊／小豆島

　　小豆島上的妖怪，因為非常喜歡人類所以常躲在陰影處偷看，尤其喜歡偷看小孩子或忙碌的人們，是可愛善良的小妖怪。

≫ 鵺／京都府

　　其實「鵺」在《山海經》中也有記載，傳說擁有「猿猴的臉」、「狸的身軀」、「虎的四肢」、「蛇的尾巴」，叫聲和一種名為虎鶇的鳥很像，被人們認為是不祥的叫聲。不過鵺會自行判斷人的善惡，對善良的人會加以保護，對做惡的人卻會以非常慘忍的方式殺害。

件

》件／中國地方、九州、四國

　　人面牛身的妖怪，每一百年會藉由牛等家畜的肚子出生，一出生後就會用人類的語言説出災難預言，然後馬上死去。因為非常準確，所以在日本甚至有「像件一樣」這樣的諺語，形容絕對不會出錯的事物。雌的件會做出預言，雄的件則會講出解除災難的方法。

》貓又／新瀉縣

　　傳説貓會隨著年歲增長而妖化變成貓又，由尾巴根部開始分化成兩條尾巴。如果尾巴越多，表示年歲越高或修行越深。貓又會幻化成各種型態，尤其是老太太或美女魅惑人類。不過也有善良的貓又。

片耳豚

》片耳豚／鹿兒島

　　只有單耳、單眼、單腳（有一説為三腳）的豬妖怪，會從人跨下穿過並奪取人的靈魂。另一説則是會從跨下吃掉人的性器官（特別是男生）（聽起來好痛啊……），尤其是父親始亂終棄的男子，因為片耳豚是無法出生或被墮胎的怨靈化身而成的。

》溫羅／岡山縣

　　溫羅即桃太郎故事中的惡鬼，據説以前是一位朝鮮擅長冶鐵的王子，當時盤據岡山市的「鬼城山」，現在還看得到城跡喔。

另一説在岡山的女木島也是惡鬼盤據之地，也有桃太郎領軍攻打的場景。（更多關於溫羅的故事請見 P.153）

≫ 河童／岩手縣

河童
（かっぱ）

かっぱ的意思是住在河中如同孩子一般的動物，頭上有水盤、8 對肋骨、有鳥的喙、猴子的身體、青蛙的四肢、四指有蹼，還有烏龜的殼，身高大約 1 公尺。河童很愛惡作劇，還會把動物跟人拉進水裡殺害，特別喜歡俊男美女。

河童最早起源是中國的「河伯」傳說，而日本各地雖然都有河童的蹤跡，但岩手縣的遠野市是最著名的河童故鄉，也是少數河童被人類目擊到的地方。

河童小知識

河童木乃伊：在九州佐賀縣的松浦一酒造釀酒場中，供奉了一尊完整的木乃伊，據說就是傳說中的河童。它是昭和 28 年時在屋樑上發現的，裝載的盒子上還貼有河伯的封條，但是真是假～就看大家相不相信啦！

河童手：傳說江戶時代有位田口長侍衛長半夜趕路時，他的馬匹被河童拖下水，為了救馬，田口長拔刀砍下河童的手，河童落荒而逃。而這隻河童手現今就藏於福岡縣浮羽郡的收藏家藤田正登家中，已被證實為「正體不明物」。

應變措施：河童很愛惡作劇，但只要祂頭頂上的水盤通了，神力就會消失，所以想要對付河童，只要誘使祂彎腰，讓盤中的水灑出來就行了！

≫ 安達鬼婆／福島縣

傳說鬼婆本是大戶人家公主的乳母，公主幼時突患重病，據聞生吃孕婦肝臟可以痊癒，於是乳母將自己年幼的女兒託付他人後，便獨自前往安達高原上，以小木屋招待路過旅人作為掩飾，等待獵物上門，一等就是 10 年。

10 年後，終於等到一名年輕的孕婦，乳母心一狠便砍向女子，女子向乳母哭求，至少等她親手將信物交到離家出走的母親手上後再殺她，但乳母為了公主仍然殺了孕婦取出生肝臟，但後來才發現孕婦竟然是自己的親生女兒！！悲痛下當場發瘋，從此守在山中木屋殺死所有經過的人，成了大家口中的鬼婆。

日本最惡妖怪

妖怪篇的最後，就用日本最可怕的妖怪來做結尾吧！白面金毛九尾狐、大天狗和酒吞童子，並稱為「日本最惡三大妖怪」！其中酒吞童子是百鬼之王，常以美少年的形象出現，活躍於平安年代的京都，身長 6 米，有 15 隻眼睛，喜歡喝酒跟鮮血，後來被源賴光砍下頭，而其所用的刀也被命名為「童子切安綱」，作為國寶被保存在東京國立博物館中。

》 白面金毛九尾狐／栃木縣

名為「玉藻前」，出現平安時代末期，化身成「日本第一美才女」，為鳥羽天皇的寵妃。後來被忠臣識破，苦勸天皇下令，派了 13 萬 5 千人才將九尾狐封印在火山口附近的石頭，成為栃木縣著名的殺生石，但仍會放出毒氣害人。兩百多年後，得道高僧源翁心昭經過此處，用法杖擊石，才化解其中的怨氣，殺生石碎成數塊，從此不再害人。（殺生石的真相：實際上是因為殺生石地處火山口，所謂的毒氣應該是火山噴出的硫化氫、二氧化硫氣體等等，才造成了當地草木不生的特殊情景。）

傳聞九尾狐來自印度，也曾出現在中國，商紂時期殘忍禍國的寵妃「妲己」、周朝的「褒姒」聽説都是牠的化身，後來被識破後流亡到日本。

》 大天狗／京都府

天狗有許多種類和等級，大天狗則是最強大、等級最高的代表。傳言崇德上皇在「保元之亂」企圖篡位失敗後，被流放軟禁在讚岐國（現在的香川縣），於 46 歲死掉之前，曾咬舌以血書下詛咒在經文上，誓言要成為妖怪，使皇室權力失墜。

然而，在崇德上皇死後還發生了一起稱為「安元大火」的事件，將京都三分之一都燒成了灰燼。白河天皇認為是崇德上皇的怨靈作祟，直到修建了崇德院供俸後，這一切天災才平息。

鳥取超省錢之旅

≫ 佛系限定旅遊

鳥取是日本人口最少的縣，景點的交通也不是很方便，所以除了鬼太郎畫家水木茂老師的故鄉「境港」之外，一般遊客對於鳥取可說是相對陌生。因此，鳥取也非常努力推出各種觀光方案，幾乎是到了佛系的地步！

今天我要介紹的是只有外國人才能享有的「佛系限定」－2000 日幣坐計程車玩 3 小時！

對於沒有車又獨自旅行的人來說，這真的是太佛心了。尤其日本計程車非常貴，如果人多還可以一起平分，但一個人總是有點不便……。不過這方案是以人頭計算，所以就算是自己一個人坐計程車，也一樣是 2000 元！而且有非常多種路線可以選擇，甚至還可以跟司機大哥討論路線，是不是很貼心呢？

出了 JR 鳥取站後，只要右轉到旅客資訊中心就可以直接排隊上車。不過，雖然計程車大哥非常貼心，也會兼當導遊，但畢竟語言不通……因此鳥取又推出了第二個值得一提的「佛系限定」：免費中英文導遊！（解說路線僅限：「鳥取沙丘」跟「砂之美術館」）只要提前兩週左右向鳥取「國際遊客中心」提出需求，就可以享有免費的導遊，讓你更深入地了解鳥取，語言不通的朋友歡迎善加利用！

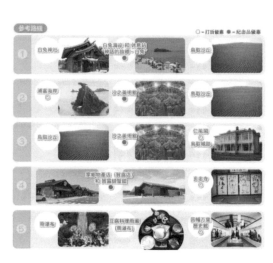

兔子幫你談戀愛【白兔神社】

我選擇的計程車路線是白兔神社→白兔海岸→鳥取沙丘→砂之美術館；第一站從距離最遠的「白兔神社」拉開序幕。這裡交通真的不太方便，如果不是有計程車優惠，一般人應該很少會來。

≫ 白兔幫你談戀愛

白兔神社供奉的是出雲神話中的兔神－「因幡白兔」，也就是在出雲大社隨處可見的可愛小兔子（請見「出雲大社」P.163）。因為幫出雲大社的主人大國主神談戀愛，從此以「緣結小邱比特」聞名。

傳說大國主神有許多同父異母的兄弟姊妹，總稱「八十神」，祂們仰慕因幡國稻羽的一位美人－「八上姬」，而決定一同出發前往因幡國求親（現今的鳥取），並且把行李全都丟給大國主神來揹（聽起來超壞的）。

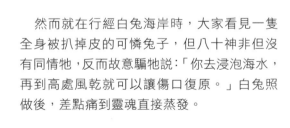

然而就在行經白兔海岸時，大家看見一隻全身被扒掉皮的可憐兔子，但八十神非但沒有同情牠，反而故意騙牠說：「你去浸泡海水，再到高處風乾就可以讓傷口復原。」白兔照做後，差點痛到靈魂直接蒸發。

好不容易爬回岸上後，剛好遇上拖著行李姍姍來遲的大國主神。善良的大國主神教導白兔：「用乾淨的池水沖洗身體，再取些蒲黃花粉，在花粉上滾一滾就能恢復。」白兔照做後，身上的白毛終於重新長了出來，而這隻白兔，正是兔神「因幡白兔」。

於是兔神為了報恩，做出預言告訴大國主神：「八十眾神的求婚都會失敗，而且八上姬會嫁給你。」這也就是白兔邱比特的由來。

只有好心的大國主神願意幫助白兔。

為什麼白兔會被剝皮呢？其實也算是牠自作自受（笑）。因為白兔們準備要到白兔海岸之前，為了渡海欺騙鯊魚說：「我們來比比看你們鯊魚比較多，還是我們兔子比較多。」於是讓鯊魚列隊在海上，好讓兔子們趁機踩著鯊魚渡海。就在抵達海岸時，得意忘形的白兔卻說了一句：「你們這些笨蛋！」一氣之下，排在最後的那隻鯊魚就把白兔的皮給剝了……。這個故事在島根玉造溫泉街的雕像也可以看得到～所以啊～千萬不要得了便宜還賣乖喔！

傳說中白兔抵達的就是這片「白兔海岸」。

≫ 不增不減池

在神社胖兔手水舍的對面有一個綠色的池子，相傳這就是當年大國主神教導白兔沖洗傷口的地方，因此被稱作「御身洗池」。又因為一年四季不管乾旱或是大雨，這個池子始終神奇的保持著相同的水位，又被稱為「不增不減之池」。

》 結緣石挑戰

很特別的是，這裡還有賣一袋一袋的
白色「結緣石」。白色的小石子上蓋著
紅紅的「緣」字，看起來就很喜氣。有
個很可愛的傳聞，如果能成功將結緣石
拋到鳥居的最上面，戀愛的願望就能實
現！

看起來好像很簡單，但其實還滿困難
的；動作不能太小，又要溫柔掌控力道，
才不至於丟過頭，聽起來是不是也滿像
談戀愛的法則呢（笑）！

但如果丟不中也不用太灰心，可以
把結緣石供奉在沿途上的可愛兔子雕像
旁，祈求白兔能幫幫忙談戀愛，所以每
一顆結緣石都是大家的心願（沒有挑戰
成功的人），千萬不要隨便拿走喔～

除此之外，神社內還有各式各樣的白兔御神籤、御守、繪馬，甚至還有白兔
造型鯛魚燒，一個不注意，錢包就會被吸乾⋯⋯千萬要注意啊！

■ 地址：鳥取縣鳥取市白兔 603 番地

戀愛神社番外篇

連日本女高中生修業旅行都超愛的「戀愛必勝」景點。

另一個非常有名、日本高中生修業旅行必備的戀愛神社，就是位在京都清水寺境內的「戀愛地主神社」，供奉的正是靠白兔娶到老婆的「大國主神」。

不只戀愛運籤是出了名的準之外，也有一項很特別的戀愛祈求「戀占石大挑戰」！戀愛地主神社內有兩顆戀占石，聽說只要閉著眼睛從這一顆走到另一顆，戀愛就會順順利利！

感情就能順順利利♡只要能從戀占石的一端走到另一端。

戀愛地主神社

■ 地址：京都府京都市東山区清水一丁目 317

※ 清水寺內，清水舞台的左側

日本唯一的沙漠【鳥取沙丘】

》 鳥取沙丘

鳥取沙丘東西長 1.6 公里，南北寬 2.4 公里，落差最高達 90 公尺，是由飄落到千代川泥沙上堆積而起的大山火山灰，再加上風吹浪擊，歷經十萬年累積出來的絕景，1955 年被日本政府指定為天然紀念物。

一爬上入口階梯，映入眼簾的是一大片無止盡的澄黃色沙丘，就算是一大群遊客，也都會變成細細小點，真的非常壯闊。我是在夏天來訪，艷陽高照加上眼前景象，彷彿真的來到了沙漠。由於不是因為缺水而形成的沙丘，所以周圍不但有連綿的群山圍繞，沙丘中也有小綠洲和水窪，冬天水深甚至可以達 1 公尺，成了一種就算在沙漠也很難看到的特殊景象。

其中最大的沙丘，就是稱為「馬背」的「第二沙丘列」，標高 47 公尺。官方說法這裡斜度 15 度，但再往旁邊一點，斜度應該有 30！踏著軟軟的沙，再加上斜坡，大概是走兩步會滑下來一步的概念，明明不好爬，卻還是可以看到無數腳印，前仆後繼挑戰斜馬背，不得不佩服遊客們的好體力。

》 絕景日本海

雖然爬馬背很累，但辛苦絕對值得！一登上馬背後，映入眼簾的是一整片湛藍無垠的日本海，搭配不斷拍打的雪白浪花和微微海風，不由得打從心裡讚嘆大自然的力量與美麗。

在這邊拍照怎麼拍都美，身後是沙漠、眼前是大海，這樣的體驗也算是人生一絕，有一種流浪天地間的壯闊感，光是拍照就可以在這待上 1 小時！

鳥取沙丘當然也有不少付費活動可以參加，像是騎駱駝、飛行傘和越野自行車等等，但我強烈希望大家不要騎駱駝，友善動物的觀光會讓旅程更有質感。

》沙之「神人」美術館

如果説鳥取沙丘是大自然的代表，那「砂之美術館」就是人的最高工藝展現。

「砂之美術館」是世界唯一使用「沙」做為雕刻作品素材的室內美術館，每年都以「砂的世界旅行」為主題，挑選世界各地題材，以年為單位，策劃一組大型展覽，邀請各國沙雕創作家共同製作。展期為 4 月到隔年 1 月，1 月到 4 月則會休館為下一年做準備，也算是一種「期間限定」。

我造訪的時候是「北歐」主題，介紹北歐的風景、文化、人文甚至還有神話。原本以為大概 20 分鐘就可以逛完，但真的是大錯特錯！每一個作品都細膩到讓人覺得不可思議，仔細觀察著每一個細節，甚至會覺得：「這根本外星人做的吧……」

除了有超大型的沙雕之外，甚至還會結合環境造景，其中一個作品竟然還有水流經過，看起來就像是真正的小橋流水，真的是太厲害了！

載我的計程車司機大哥非常熱情，不但一一跟我介紹分享，還迫不及待帶我到 2 樓，一直跟我説：「這裡的視野是最好的！」然後堅持要幫我跟「每一個」作品拍照，好可愛（笑）～

砂之美術館不只有室內，還有一個非常大的室外展區。沿途也不要忘記留意腳邊，隨時都會有可愛小動物沙雕在埋伏等你發現喔！

三個景點慢慢走下來，剛剛好大約 3 個小時，完全不用趕，只能説鳥取的觀光計程車之旅，時間抓得太完美！

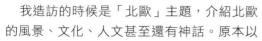
鳥取沙丘

■ 地址：鳥取縣鳥取市福部町湯山 2164-661

人類史上第一個爆炸的城市

≫ 廣島原爆

1945 年 8 月 6 日，上午 8:15 分，由美國總統杜魯門下令，在廣島投下了人類史上第一顆原子彈，造成廣島市內 60% 的人口傷亡，而這顆原子彈卻有個諷刺的名稱－「小男孩」。

爆炸的瞬間，中心風速大約是每秒 440 公尺，也就是 12 級颱風風速的 10 倍，中心風壓則大到 350 萬帕斯卡，就像在 1 平方米的地方加壓了 350 噸的重物，爆炸中心溫度達到了 3000℃ - 4000℃，許多人不只嚴重被「碳化」，更多人則是被燃燒的木頭建築二次燒傷……。

70 年後的廣島雖然已經從瓦礫殘堆中重新站了起來，但原爆給這座城市帶來的傷痕卻永遠都在，也提醒著到訪的人們，和平的可貴。

≫ 原爆圓頂

原爆圓頂是廣島平和紀念公園中最有名的地標。許多人以為這裡是原子彈爆炸的中心，但其實不是。

當初美軍瞄準的是在圓頂西北方附近的「相生橋」，因為相生橋從空中俯瞰時剛好是個非常醒目的「T」字型，但可能是因為當天的風向，讓原子彈在投下的時候偏了大概 600 公尺，在距離圓頂約 200 公尺處的上空爆炸。原子彈爆炸後，以爆炸中心為圓心，半徑 2 公里範圍內的建築幾乎全毀，建築物內的所有人都身亡，但也因為原子彈是在空中爆炸，因此堅固的圓頂才成為爆心地附近少數沒有整棟倒塌的重要建築，且因為離爆心地非常近，所以才被誤會。

原爆遺蹟在 1996 年（平成 8 年）被聯合國教科文組織（UNESCO）登錄為世界遺產，象徵著人們對永恒和平的祈願。雖然，圓頂看起來像是原爆悲劇的象徵，但其實在原爆之前，它可説是「年輪蛋糕」在日本的發祥地。

本來是「廣島縣物產陳列館」的原爆圓頂，1910 年由捷克建築師設計建造。1921 年（大正 10 年）日本全國糖果大博覽會在這裡舉辦，也是年輪蛋糕首次在日本販賣亮相的地方。

≫ 倖存的他們

在圓頂附近時常會遇到志工帶著成堆的資料，用流利的英文一一向到訪的旅客們講解、重現當時原爆的可怕真相，但他們不是一般的志工，而是原爆的「倖存者」。

我兩次到訪遇到的倖存者都不一樣。一位是「胎內受爆」，也就是原爆的時候他還在媽媽的肚子裡，他邊説邊出示受爆證明：「我爸爸在原爆當下就死了，出生後兩週，媽媽也死了，原爆帶走了原本應該是幸福無比的家庭。」

另一位則是真正的「受爆者」，當時才 5 歲左右，但他還清楚記得原爆時的可怕情景。他遙指著橋的另一邊，告訴我他家就在爆心地不到兩公里的地方。

成長過程中，幾乎被原爆的陰影圍繞；從原爆當下的死傷，到往後十幾年的原爆症和白血病，死亡充斥在廣島人的生活中。離開前，他遞給我一隻比我指甲片還小的紙鶴，希望我能把他們的故事繼續傳下去，當時我還不太明白小紙鶴的用意。

根據最新資料顯示，目前約只剩 7 千位原爆倖存者。為了不讓戰爭再次發生，他們決定走出來大聲告訴所有人他的傷痛經歷，以自身為例，讓大家明白戰爭的可怕。

不過，我看到有些遊客會找這些倖存者合照，在合照時不經意地說出「smile ～」，但站在原爆遺蹟前面，我想不管過了多久，這些倖存者都是笑不出來的，這個小小細節，希望大家也能夠多多體諒。

≫ 原爆之子

在平和公園內有座名為「原爆之子」的鐘塔，上頭是一位女孩高舉著紙鶴，碑文上寫著「這是我們的哭喊，這是我們的祈禱，為了建立世界和平。」這個女孩叫作「佐佐木禎子」，而這個故事也跟廣島市內處處能看到的「紙鶴」有關。

當時佐佐木禎子才 2 歲，家就位在離爆心地僅 1.7 公里的地方。禎子雖然活了下來，但受到黑雨和原爆輻射的影響，幾年後她的頭上長出不明的腫塊，整個臉腫了起來，最後被證實換上了白血病，並被醫生告知「最多只能再活一年」。

當時醫院接到名古屋民眾寄來的紙鶴，希望為住院的病人祈求康復，包括禎子在內。她相信「只要摺了一千隻紙鶴願望就能實現」的傳說，拚命在病床上摺紙鶴，把自己「想活下去」的意念都寄託在一隻隻紙鶴上。禎子摺的紙鶴特別小，那是因為當時戰後紙價昂貴，禎子只好用藥包剩下來的小小紙張來摺，有些甚至比米粒大不了多少。

沒有人知道禎子最後到底有沒有摺完一千隻紙鶴，因為在 1955 年 10 月 25 日，小禎子還是離開了人世。上天沒有聽到她希望活下去的童言童語，只留下滿滿的紙鶴和無盡的不捨給這世界。

從此之後，紙鶴就像當年承載著禎子和許許多多相同命運孩子的心願象徵，被留在廣島人的記憶中，就連美國西雅圖的和平公園也有她的銅像。她代表的是大人們邪惡戰爭中最無助、最無辜的受害者。

》平和紀念資料館

平和紀念資料館應該是所有人到訪廣島都不會錯過的一個地方，這裡記錄著許多與核爆相關的資料，可以清楚地了解核爆真正的威力與恐怖之處。

受爆當下，滿街上都是兩種人，一種是接近碳化狀態、皮膚異變的屍體，另一種則是有如行屍走肉、全身扎滿碎片、像極了殭屍的活人。根據許多倖存者的回憶表示，「遠遠看還以為是破掉的衣服掛在身上，近看才發現，那些都是熔化剝落的皮膚，鬆垮垮的垂吊在手上。」

在資料館中還能看到許多原爆後留下的痕跡，像是扭曲變形的腳踏車、燒毀的衣物、破碎的眼鏡，他們的主人，都在這場爆炸中喪命。而半生不死的傷患更是多到不行，就連當時附近的小學都開放成為臨時的傷患收容所。許多人知道自己可能不久於世，有的心中惦記著生死未卜的家人，有的深怕就此無聲死在成堆的屍體中，大家紛紛在小學的牆上留下最後遺言。至今小學的牆上還保留著部分遺言，讓人看了似乎也能感同身受那份絕望。

佐佐木禎子

原爆の子の像

原爆造成大量的放射性落塵和雲中的水氣混在一起，降下了黑雨，不但汙染了河川，飲用過的人更在數日內身亡，在資料館中也能看見當初黑雨殘留在建築上的痕跡。

≫ 罹難者追悼祈念館

如果心臟夠大顆的人，可以到平和紀念館旁的「罹難者追悼館」走一趟，這裡不只可以查詢原爆罹難者的資料外，更集結了許多倖存者的口述歷史，做成電子稿提供閱覽。

有些是父母親寫給來不及長大的孩子，回憶當天早上還開開心心送孩子上學去，再見面已經是一具難以辨別的屍身；有些是孩子寫給再也來不及孝順的父母親，一字一句都太真實太殘忍，讓人不忍閱讀。而廣島人願意將這撕心裂肺的痛苦回憶一再講述，就是為了呼籲世界，不要再有這樣的悲劇發生。

平和紀念公園

■ 地址：廣島市中區大手町 1-10

≫ 紙鶴塔

2016 年 9 月，一間全新的「廣島物產館－紙鶴塔」開幕了，就在舊廣島物產館－原爆圓頂的旁邊，象徵意義非常濃厚，不管是最出名的年輪蛋糕還是檸檬拉麵，這邊通通都找得到。

但最值得一提的，是紙鶴塔的 13 樓和 12 樓。13 樓是一望無際的空中展望台，叫做「廣島之丘」，上面的布置不時會更替，在夕陽西下的時候，陽光灑落在整個平和公園和底下的原爆圓頂，遠方映著重重山巒，時間就像靜止了一樣，寧靜祥和卻充滿力量。就像廣島這個城市一樣，走過傷痛卻努力地站起來，並以溫柔力量為世界祈求著和平。

12 樓則是「紙鶴廣場」，不僅有許多有趣的新科技可以跟遊客互動外，最重要的是拿著展望台的門票可以換到一張色紙，將色紙摺成紙鶴後，可以親手將紙鶴投入大樓特別設計的通天玻璃櫃中。紙鶴搭載著每一位遊客祈求和平的心意，慢慢累積直至有一天紙鶴將玻璃櫃填滿，成為名符其實的「紙鶴塔」。希望到那個時候，世界也能迎來真正的和平。

來到廣島，參訪完傷痛的歷史後，也別忘了來一趟紙鶴塔，開啟幸福的未來喔！

展望台

◀在12樓投下紙鶴。

紙鶴塔

■ 地址：廣島市中區大手町 1-2-1

← 透明的紙鶴塔，不時就能看見紙鶴從上飛下來。

佐賀不是只有阿嬤

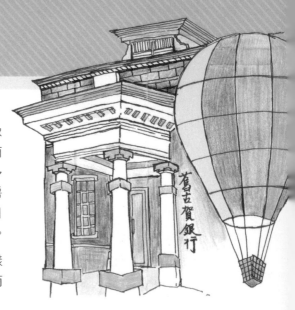

舊古賀銀行

佐賀是個很適合一日遊的地方，保留了大量的舊建築群，但又不像傳統的老日本，也不像長崎作為商港帶有濃濃的西洋味。這裡有許多大正時期留下的洋建築，西式樓房對面卻是日式舊神社或老町家，日洋融合，可說是超級 Mix 版的城市。

但重點佐賀跟其他城市不太一樣的是，大多體驗都無料且免費，而且超好拍！

抱著鯛魚的
福神「惠比壽」。

》 小資族最愛－超友善觀光城市

有件事在逛佐賀前很值得提；惠比須是日本神話中的海神，是七福神的其中一人，佐賀自古以來盛行信奉惠比須，到處都能看到不同造型的惠比須石像，光是佐賀市就有超過 800 尊，是全日本最多惠比須神所在的地方（感覺超級有福氣）。

惠比須是海神也是財神，可能就是因為供奉了惠比須所以佐賀很有錢吧（笑），因此他們在推廣觀光的大手筆，真的讓我大開眼界！

佐賀對觀光客到底有多好呢？首先，記得先到當地的案內所拿取觀光簡介，折價券優惠的比例很高。不但許多古蹟不用錢或收費不高，許多文化體驗也都是免費的。只要先預約，甚至還能申請免費的市區英文導覽。

他們還提供免費的翻譯服務！小資族千萬
要好好善用佐賀的善心與貼心啊～

無料翻訳サービス
무료 번역 서비스
free translation service
免费翻译服务
ご自由にお取り下さい。

≫ 舊福田家－跟著奶奶開課囉

佐賀有很多美麗的景點，但如果想要更貼近佐賀的文化，那就跟著我一起來舊福田家，跟奶奶一起體驗佐賀！

日本的織品很有名大家都知道，除了京都的西陣織之外，來到佐賀才發現原來日本還有另一種非常有名的織品工藝，叫做「佐賀錦」（舊名鹿島錦）。

佐賀錦以菱形格、金亮色彩為主，是江戶末期鹿島鍋島家夫人仿造天花板的藤製菱形紋，而創造出的一種工藝手法，以金銀為底色，重量比一般織布還要輕，非常透氣。現在多用在非常高級的和服或手提包，是日本紡織界的國寶。

不過價錢不菲……短短一條佐賀錦做成的鑰匙圈，竟然就要價 3000 多日幣!! 到底佐賀錦有什麼魅力？在政府保存的町家文化財「舊福田家」，可以一探究竟。

每天都有人在這裡現場示範佐賀錦工法，而且還可以親自體驗，重點是無料免費！雖然要預約，不過，熱心的婆婆們根本不在意，稍微詢問一下，婆婆就會熱心地搬桌子出來，幫你喬個好位置，然後開始教學。只是全程都是日文，大家要有心理準備。

其實佐賀錦的織法一樣是靠經緯線交織，但非常需要耐心，在推線時婆婆一直叫我用力，織出來的布才會緊實美麗，但我很怕太粗魯會弄斷線，沒想到婆婆竟然說：「佐賀錦的經線不是紗線，而是非常堅固的『紙』。」

什麼?! 佐賀錦的經線竟然是用特殊處理過的和紙，再上漆、上金箔或銀箔而成的！這也就是為什麼佐賀錦能有閃亮亮的格紋，並且比一般布料輕薄透氣，原來秘密就是因為有一半是紙！

本來還不太相信，仔細一摸才發現原來 ➡ 是真的……而且還可以防水、防霉，真的好不可思議！

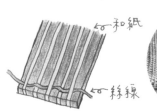

≫ 茶道體驗

除了佐賀錦體驗，舊福田家也有正統的茶道教室開課。在今天的課程中遇到一位國小日本妹妹，專心優雅的聽著老師教導，一步一步學習茶道，看著小小年紀的妹妹，竟然可以記住繁複的茶道規矩，優雅並流暢的泡茶招待賓客，實在太佩服了！

但說真的，光用看的就覺得茶道實在很複雜，連拿個茶杯都要左右手交替，因為身體不能有大幅度轉動，否則會不夠優雅，實在很不適合我這種粗魯的傢伙。

老師熱情地邀請我加入茶會，還送上了小茶點，也教導我作為客人喝茶的禮儀……而且我第一次喝到這麼甜的茶（有點像玄米茶），真的超美味！

非常建議大家可以花個兩小時，來舊福田家好好體驗一下佐賀文化的魅力！

端茶動作優雅的妹妹，還是看得出很緊張～。

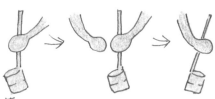

第一次看到日本正式的茶道，動作小且優雅，連要倒另一端的茶杯，都必須先換手，因為直接用右手拿勺倒左端茶杯，身體轉動太大，不夠優雅……。

舊福田家

- ■ 地址：佐賀市松原四丁目 3-15
- ■ 時間：9:00-17:00
- ■ 公休日：週一

≫ 熱氣球之都

佐賀每年 11 月都會舉辦熱氣球嘉年華活動，而且規模可是「亞洲最大」呢！作為熱氣球城市，佐賀也在 2016 年開幕新的熱氣球博物館，不只是全世界第三大，更是亞洲第一喔！

在熱氣球博物館中，除了用簡單活潑的方式介紹許多熱氣球的歷史外，還有讓人意想不到的小知識。例如國際間熱門的熱氣球嘉年華，最大的看頭就是「熱氣球競賽」！隊伍從起點起飛，往終點指定的目標飛行，並且要把一條綁著沙包，長 180 公分的黃緞帶想辦法丟到目標點上，看誰的沙包離目標最近誰就贏！不只考驗著飛行者的技術，更考驗了掌控熱氣球的精準度。

而這個競賽遊戲，在館內也可以體驗！

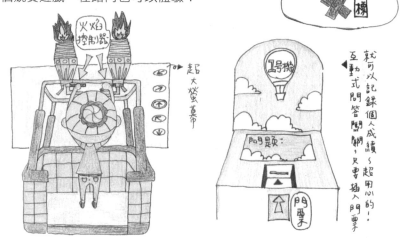

在一個非常真實的熱氣球模擬艙中，你必須一邊學習操控熱氣球的火力與方向，還要一邊想辦法將緞帶丟準得分，相當不容易。我排隊玩了兩次都失敗，但實在好好玩，欲罷不能呢。

還有一件事我真心覺得博物館很用心，就是每個展區學完了之後，都會有一台 Q&A 的機器，只要把門票插進機器掃描，它就會累積計算你回答問題的積分，最後在出口能看到自己的分數和排名，知道今天到底學會了多少東西，真正落實邊玩邊學的寓教理念。很推薦大家可以帶小朋友一起來玩～相信我，孩子會喜歡的～♥♥

熱氣球博物館

■ 地址：佐賀市松原 2 丁目 2-27

》博多夏季祇園祭

　　說到博多地區最重要的神社，當然非「櫛田神社」莫屬。

　　身為博多總鎮守，祭祀的神有大幡主命、天照皇大神和素盞鳴尊，而每年7月舉行的「博多夏季祇園祭」，也是當地最有名的祭典。祇園祭在以前主要是為了「祈求驅散夏季疫病」的儀式，於2016年被聯合國教科文組織登錄為「世界無形文化遺產」。

》超巨大山笠

　　祇園祭最受人注目的就是高達數公尺，重量超過1噸的超巨大山笠！

　　山笠是奉獻給神明的神轎；而且不僅「斯斯」有兩種，連神轎也有！一種是有車輪，可以用人力拉動的神轎；另一種就是裝飾超華麗的擺設式神轎–飾り山笠。

　　擺設式神轎上面，會裝飾和博多地區相關的武士故事或日本古老傳說，每年的7月1日都會重新打造，祭典過後供奉在櫛田神社中供人參觀。親眼看到巨大的神轎，真的會感覺非常有氣勢！

🖌 比人還要高數倍，真不知道要多少人才扛得動！

202

≫ 大力石占卜

在神轎所在後方，你會看到許多
大石頭擺在花圃裡，這些石頭被稱
為「力石」，用來預測今年或來年
的天氣與作物收成。若舉起來越輕
鬆，表示收成越好，舉起來感覺越
重，則表示收成可能不太好。類似
這樣的力石占卜，在京都的稻荷大
社也可以看見。

不過要注意的是，只有放在花圃前的「試石」可以抱，花圃中的其他石頭是
住在博多的相撲力士們抱來獻給神明的，就算你要抱，可能也未必抱得動呢～
（笑）

≫ 喝了會長壽的水？

提到櫛田神社，許多人最喜歡的景點，
就是「靈泉鶴の井戶」。這可是傳說中喝
了能長壽的靈泉！不過這味道⋯⋯我自己
有點不太能習慣，還是被日本人視為仙丹
靈泉的水都是如此呢？

而且你以為喝一口就能實現長壽願望
嗎？NO、NO、NO～事情沒這麼單純！
從水井舀起來的水總共要分三次喝掉，也
就是說要喝三口！第一口是為自己喝，第
二口是為家人，最後一口則是替自己身邊
的所有人祈禱。雖然後來好像因為檢驗問
題不再開放飲用，但我還是看到仍有不少
人前來嘗試，看來大家對於想要祈願長壽
還是有一定的執著呢！

櫛田神社

■ 地址：福岡市博多區上川端町 1-41

明太子的身世之謎
【HAKU HAKU 博多飲食文化博物館】

說到博多，大家第一個會先想到拉麵，第二個就是明太子。HAKU HAKU 博多飲食文化博物館是由老牌公司「味の明太子ふくや」所設立。雖然他們表明自己是「引進明太子的始祖」，但實際上究竟如何，真相不得而知。

明太子是從阿拉斯加或北海道的鱈魚卵製作而成，日文叫做「鱈子」，產卵期只有每年的 12 月到隔年 4 月。

≫ 明太子是韓國貨 !?

其實明太子的起源有很多說法，其中一個是明治時代有個叫做樋口伊都羽的日本人（會津藩士之子），去了當時的朝鮮元山從事漁業，但他發現當地漁民只將鱈魚曬成魚乾，然後竟然把魚卵丟掉（也太浪費了吧～還我魚卵～），他覺得非常可惜，於是後來想到加入各種調味料來醃漬並保存魚卵。

二戰期間，有不少日本人因故在韓國定居，「川原俊夫」就是其中一位。他是在釜山出生的日本人，二次世界大戰後，跟著返鄉潮回到日本，也把韓國的「魚子文化」帶回了日本，並將口味加以改良，在昭和 23 年正式創立了「味の明太子」。HAKU HAKU 博多飲食文化博物館的展示區，呈現的就是當時老店的復刻風貌。

也因為博多是當時最大的貿易對外港，因此歸日者多是從此登陸，所以明太子才會成為九州的名產。這麼說來，原來明太子是舶來品呢（笑）～

從另個角度來說，也不得不佩服日本人，明明泡麵是台灣人發明的（日清泡麵創始人是呆丸狼）、明太子從韓國來、拉麵起源在中國，但為什麼發揚光大的都是日本人呢?!

▨ 川原俊夫是「味の明太子ふくや」的創始老闆。

》 工廠見學

這裡的工廠見學非常生動有趣，主要有醃漬、秤重、殺菌、包裝這幾個部分。一大籃一大籃的明太子看得我都餓了⋯⋯

一旁還有體驗區，讓你試聞各種醃漬明太子的秘密配方。另外也有秤重挑戰；一份包裝約是 360-370g，工作人員已經厲害到憑感覺就能精準抓對重量，但我試了10 次卻連 1 次都沒準確過，有點殘念。

能親眼見到生產明太子的工廠，是個很棒的經驗。日本總是能把每個行業都塑造出非常專業的形象，卻又以如此平易近人的方式讓你了解，我想，這大概就是日本之所以能培育這麼多職人的原因之一吧。

》 DIY「專屬的明太子」

除了工廠見學之外，這裡最值得體驗的就是明太子 DIY（1500 日幣）。一次能做三條，跟商場賣的價位比起來，還滿划算的。重點是上課前還可以先試吃。♥

現場可以預約，大概耗時 30-40 分鐘左右。每一家的明太子醃漬配方不同，但基本都會有辣椒粉。而且聽說黑胡椒與白芝麻和明太子特別對味，因此你也可以自己酌量添加，客製化自己獨一無二的口味。

　　在放置的時候，解說員特別要大家注意，每個魚子在取出時都會有一個缺口，缺口要記得朝上才能讓佐料入味！

　　至於為什麼明明有缺口魚卵卻不會掉出來呢？其實跟烏魚子一樣，因為有大量的 OMG3 在裡頭，所以有相當的黏著性喔。

味の明太子

1. 將鱈魚卵的缺口朝上擺放。

取卵破口
朝上
明太子
（鱈魚子）

2. 依序加入唐辛子、特調辣椒醬汁、鹽、胡椒等。
〈白芝麻是提味的關鍵祕密喔！〉

3. 用手指溫柔按摩讓醬汁滲透。

4. 再冷藏靜置 3 天就完成囉！！

　　不僅如此，還要認真的幫魚子按摩才會更入味、更好吃！醃漬完成後用工廠附贈的保冷劑包起來，回家只要冰上 3 天就可以食用啦～上完課工廠還會贈送每人一份明太子口味的香鬆，導覽員還一直跟我強調：「香鬆搭配納豆一起放在飯上超好吃的喔！」（好啦，我承認個人偏見很不愛納豆，真心不會這樣搭配～～）

≫ 明太子試吃會

300 日幣的門票除了見學外，當然就是要狂吃明太子啊！

在商品部有各式各樣口味的明太子可以試吃，如果有前往餐廳，更是不能錯過「三味明太子套餐」！三種口味明太子加一碗白飯＋一杯飲料才 200 日幣♥～真的是史上最佛心～（想必賣明太子真的賺了很多錢吧 XD）

一支 200 日幣（含税）的明太子牛奶冰棒，這體驗夠道地了吧！雖然有點小貴，但如果好吃我是不會在意的。♥

嗯，不會在意的。
嗯，不在意。
嗯。

………。

（⬆我心中的明太子試吃 OS）

這是什麼……！也不能説難吃，只是一粒粒的明太子隨著冰融化四散在口中，鹹鹹的香味配上超級濃郁的牛乳味……只能說，真的是一種很有「深度」的味道，大家下次還是親自來試試看就知道。

沒有靈魂的表情。

……

明太子牛乳

HAKU HAK 博多
飲食文化博物館

■ 地址：福岡県福岡市東区社領
2-14-28

207

被小胖子輾壓的城市
【世界最後被爆地‧長崎】

人類史上用於戰爭上的唯二原子彈都在日本，一顆是 1945 年 8 月 6 日在廣島投下的「小男孩」，另一顆則是 1945 年 8 月 9 日在長崎投下的「小胖子」。這兩顆原子彈造成約 25 萬人死亡，傷者不計其數。日本也在長崎被爆後的第六天，正式投降。

》 小倉的運氣

廣島的爆炸是經過嚴密的計算，但第二次的長崎原爆，則是一段倒楣的故事。

原本美軍攻擊的目標並不是長崎，而是「橫濱」和「京都」。長崎地形結構在河谷之間不是攻擊最好的地點，更不要說這裡還有同盟國的戰俘營。

但橫濱逃過一劫的原因是：那裡已經快被炸爛了，就算投了原子彈也看不出「小胖子」的威力。至於京都逃過一劫的原因則是：京都歷史太悠久了，萬一在京都投下原子彈，美國擔心會被日本人痛恨一輩子……。（哈囉！你都投了兩顆原子彈才擔心會被日本痛恨 ?! 會不會太晚了呢！）

最後美軍選定了北九州的小倉，但誰知道當天抵達小倉上空後，卻發現小倉起了大霧，轟炸機沒辦法確認投彈目標，無法確保有效轟炸，所以……最後一刻，美軍臨時決定轉而轟炸長崎。

因為小倉這個城市的運氣實在太好了，因此直到現在，仍有日本人會用「小倉的運氣」來形容命運的安排。

≫ 倒楣的長崎

在長崎的原爆資料館中，記錄了日本兩次原爆的時間軸。其中有一段寫著杜魯門在下令投原子彈時，對美軍發表的聲明：「我們是為了拯救更多美國的年輕人，不讓他們繼續死於這場戰爭。」

後來歷史學家質疑，其實當時窮途末路的日本早就有投降的打算了，要終止這場戰爭也並非只有核武一途，但最後美國還是投下了原子彈，而且還是兩顆。此舉讓人聯想很有可能是要為了向全世界、特別是蘇聯，展示強大的武力所致。

≫ 長崎原爆資料館

1945 年 8 月 9 日，上午 11：02 分，美軍在長崎投下人類史上第二顆原子彈—「小胖子」，相當於 20000 噸的黃色炸藥，是廣島原子彈的 1.5 倍。當時長崎市人口有 24 萬人，戰後估計死者 14 萬 9 千人，有 36％ 的建築物受到全面燒燬或破壞。

瞬間炭化...

堤糸子
二年三組

在廣島和長崎原爆之後，一共約有 65 萬人成為被爆者身分，根據 2018 年 3 月最新的估計，約有 15.5 萬名被爆者仍然在世。

這裡展示了很多被爆後留下的殘忍證據，讓人印象最深刻的，是距離被爆中心 700 公尺，一位就讀二年三班、年僅 14 歲的堤糸子所留下來的遺物。堤糸子當場身亡，而她的便當盒裡頭的飯直接碳化；一瞬間的高溫輻射，甚至讓錢幣瞬間通通熔在了一起。

頭骨!!

長崎原爆資料館

一旁甚至還能看到被爆後殘留的頭骨，因為瞬間高溫被黏在了頭盔上。

雖然怵目驚心，但比起廣島的原爆資料館，長崎的館藏已經算是比較不這麼驚悚了，適合想入門了解關於二戰歷史的人。

■ 地址：長崎縣長崎市平野町 7 - 8

■ 時間：8:30-17:30（5-8 月關門時間為 18:30）

■ 門票：大人 200 日圓／小孩 100 日圓

≫ 平和紀念公園

長崎的平和紀念公園也是許多人會到訪的地方。旁邊就是被爆地中心的立碑，這裡甚至還保存展示了當時被爆地的地層。

來到平和公園有幾個小故事需要先了解一下，才更能感受這裡的歷史。平和公園原址為長崎的監獄，是距離原爆地最近的公共建築，這裡的人全部身亡沒有人生還，其中還包括有朝鮮與中國的囚犯。現在地上還隱約看得到舊建築的痕跡。

平和公園的青銅雕像高 9.7 米，重達 30 噸，象徵著神明的愛與佛祖的慈悲。其右手高指向蒼穹，表現了原子彈爆炸的威脅，左手代表了和平；輕輕閉上的眼睛，則是為了向在原子彈爆炸中去世的人祈福。

平和公園裡還有一個原爆殉難者紀念碑，人們會在紀念碑前放滿了水盆與水瓶。其原由是因為爆炸當下瞬間的高溫，爆炸中心風速大約是 440 米 / 秒，相當於 12 級颱風風速的 10 倍，爆炸中心地受到的能量相當於普通太陽照射 1000 倍，大約是華氏 6000 度，相當於攝氏 3000 多度，有些人直接被高溫燒得不留痕跡，有些人則是掛著融化的皮，像喪屍一般痛苦至極，口中只能複誦著一句話：「給我水……」

但極度的焦熱環境，讓水源亦受到了污染，很多人反而在喝到水後，瞬間死亡。也就是因為這樣的典故，後人才會在殉難者紀念碑前放滿了水。

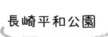

長崎平和公園

■ 地址：長崎縣長崎市松山町 2400-3

≫ 山里國民小學

在原爆中心附近有兩所小學，也是廣島、長崎兩處原爆地唯二可以參觀的原爆學校遺蹟，讓人更貼近這段活生生的歷史，非常建議大家走一趟這裡。

其中一所比較少人知道，叫做「山里國民小學」，這是一所超過百年歷史的學校。

原爆的 8 月 9 日正值暑假期間，山里國小全校共有 1581 名學生，但原爆那天之後，有大約 1300 名孩子死在家裡或附近，從此再也無法回到學校上課。

校舍旁小路
仿彿時光隧道回到那個防空洞和那段戰火不斷的日子。

校內設有原爆資料館，一般遊客也可以入內參觀。館長看到我一個人隻身前來，非常親切並細心的介紹講解這所已經超過百年歷史的小學，是如何被原爆摧毀。館長說，就算多一個人知道也好，他們希望透過教育並提醒所有人這裡曾經發生過的歷史，並與所有長崎人一樣，致力於提倡和平，拒絕核武。

往學校裡面走，繞過校舍，還有一個秘密遺蹟……

那就是當時戰爭留下的防空洞。雖然現在已經加設了柵欄，兩旁掛滿了學生們摺的紙鶴，但看了還是讓人很難受。無論再怎麼樣防範，還是無法讓這些孩子平安長大。所以當我拜訪時，看到開心下課和我打招呼的孩子們時，心裡突然一陣酸楚，也在心裡默默地對他們祝福。

山里國民小學校空攝写真

🖊 學校裡的資料館從另一個角度記錄了原爆的歷史。

山里國民小學

▪ 地址：長崎縣長崎市橋口町 20-56

到一個沒有傷害，更好的地方。
希望紙鶴帶著你們

≫ 城山國民小學

　　鐵道另一側的「城山國民小學」，距離原子彈爆炸中心僅 500m，這裡保留了當時被爆後唯一沒有倒塌的舊校舍，並作為和平紀念館，裡面保留了許多當時學生的遺物和當時的情景。

　　這裡同樣約有 1400 名孩子，從此沒能再回到學校上課。某次我和室友聊起這裡，她難過的說：「身為一名老師，我真的不敢去那裡。」對孩子們的心疼表露無遺。

　　令人覺得傷感的是，這些來不及長大的孩子紀念碑，就設在大操場的最後方，不知道這些罹難孩子們，如果看到了現在正開心在操場上追逐的孩子們身影，會是什麼心情。

　　再往校舍後方走去，還看見一位「原爆受難者」，它是一棵食茱萸。

　　原爆當時強勁的爆炸風與熱輻射，幾乎將所有樹木吹倒或燒毀，而這棵食茱萸儘管主幹已經燒毀了一半，卻因為幸運的倚靠著旁邊的枯樹，勉強地以這種詭異的半倒姿態存活了下來，直到 2016 年的 7 月才被確認完全死亡。至今，學校還為這位堅強的受難者保留了一席之地。

　　這棵食茱萸就像是殘存下來的廣島和長崎市民，儘管面目全非，卻還是堅強的以各種卑微痛苦姿態存活著。雖然，當時的日本可以用自食惡果來形容，但再怎麼樣，為了上位者的野心，卻用了無數善良的百姓們生命付出代價與承受。歷史總是提醒著我們，不該重蹈覆轍，而不是要我們記得仇恨。

　　這兩顆原子彈對當地居民，抑或人類文明史上造成的傷害，都是巨大而無法抹滅的。無論如何，希望長崎是這世界最後一個被爆地。

城山國民小學

■ 地址：長崎縣長崎市城山町 23-1

燒灼
痕跡

一樣の木

距離被爆地約500M的城山小學校內的食茱萸受到強烈原子熱輻射衝擊，受衝面完全燒焦，所幸靠著另一顆樹支撐，竟從1945/8/9一直活到了2016年的7月。

神秘的廢墟之城【軍艦島】

　　軍艦島～咦，有點耳熟吼！因為韓國就曾經拍過一部名為「軍艦島」的電影，描述 1944 年 11 月在端島（軍艦島）被日軍強制徵用的 400 餘名朝鮮半島勞工，試圖逃離該島改變命運的故事。

　　沒想到，現在竟然有機會可以登陸到島上一探這神秘島嶼！

　　從長崎港出發，每天只有兩班船可以前往，而且必須跟著遊船導覽，無法隨意探索，畢竟島上都是斷垣殘壁，又是世界文化遺產，還是跟著專業遊船登陸比較保險一些。究竟是怎麼的島能列為文化遺產，快一起來看看吧！

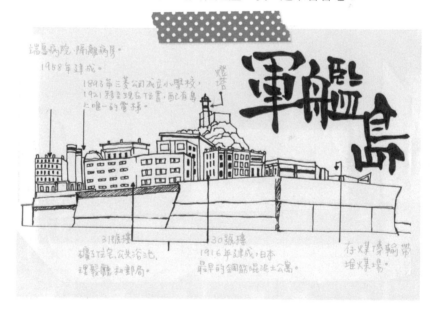

》 神秘端島

　　端島是位於長崎西南方 17.5 公里處的一座小島，因為外型酷似日本海軍軍艦土佐號，因此被稱為軍艦島，東西長 160 公尺，南北長 480 公尺。

　　2014 年曾被英國《衛報》選為「世界 10 大鬼城」，過去被日本政府封鎖長達 35 年，若有遊客擅闖，還會被處 30 天拘禁。因此，也增添了不少這座島嶼神秘的氛圍。

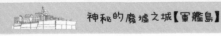

≫ 電影咖也該來一趟

2012 年電影《007 空降危機》中的廢墟島「死城（Dead City）」，就是以端島為原型所打造。原本電影團隊打算前往端島取景，但最後因為安全考量，並未實際前往拍攝。不過日本著名漫畫改編的《進擊的巨人》真人版，則是真的在端島取景。

遠看真的很像一艘軍艦。

而大家所熟知的 2017 年韓國電影「軍艦島」，也是以端島為背景發展故事劇情。但全景都是依照端島當年的原樣重新打造，並非在軍艦島取景拍攝。

≫ 端島的歷史與創舉

軍艦島因為在 1810 年左右發現煤礦，1890 年煤礦主人以 10 萬日幣將端島出售給「三菱集團」，從明治時代開始進行了多次填海。原本的端島只有現在面積的約 1/3，後來更因開採海底煤礦而人口激增，1960 年初期甚至一度超過 5267 人。別以為 5000 多人很少，對小小的端島來說，等於是每平方公里住了 8 萬 3600 人，這密度可是超越東京都的 9 倍啊，堪稱世界之冠！換算下來，比全台灣最擁擠的永和區（每平方公里 4 萬人）還多出了整整 1 倍。

特別要介紹的是一棟編號為 30 號的大樓（端島上所有建築都只有編號沒有名稱）；該大樓在 1916 年完工，當時是四層樓建築，為了因應爆增的人口，在 1918 年時增建到現在所見的七層樓，也是日本「第一座鋼筋混凝土建造的大樓」。

大樓裡郵局、美髮院、麻將館等設施應有盡有，甚至樓與樓之間都是互相連通，就算是下雨天也可以在裡面暢行無阻！

但其實這麼密集的大樓只是為了要塞進更多的工人，真正位階高的長官們，則是另外居住在低矮的木造平房裡，從居住環境也可以看出他們的階級制度。當時端島的電視、洗衣機等家電比日本本島還要普及，1958 年時，端島的電視普及率已幾乎達 100%。

>> 日本惡行

二戰爆發後，日本積極開採能源，開始了「產業報國運動」。當時海底煤礦開採的深度竟然深達海平面下 1000 公尺。為了增加產量，日本從中、韓（尤其韓國人）強制徵取（騙）了許多人來這裡從事暗無天日與非人道的開採工作。

1941 年，日本端島的煤炭產量高達到約 41 萬噸，1943 年時，第二豎坑的日產量更曾高達 2062 噸，但這些成績都是殘忍虐待勞工、苛扣工資，讓他們塞在擁擠的小房間中所換取來的，島上甚至還蓋了一間朝鮮女子妓院以慰勞日本軍……如果想知道更多關於這段歷史故事，有興趣的朋友可以去看看電影「軍艦島」。

>> 端島的沒落

1960 年之後，日本消耗能源由煤炭轉往石油，軍艦島的發展也漸趨遲滯，在 1970 年 1 月 15 日正式宣布關閉礦坑，1974 年 4 月 20 日所有居民全數撤離，端島正式廢棄，從此被封鎖。在這座島上發生過的可怕過去，也因此讓軍艦島逐漸成為了日本最神秘的廢墟之城。

2001 年，軍艦島的主人「三菱綜合材料株式會社」將端島捐給高島鎮，直到 2009 年才重新開放登島，足足塵封了 35 年。而軍艦島，也是見證日本戰時繁榮、戰後沒落的證人之一。

>> 端島外卦

端島在 2015 年以「明治日本產業革命遺產」之名，成功登錄為「世界文化遺產」，此舉讓韓國非常不爽，還一度因此成為日韓兩國的外交問題。

當初三菱曾重金聘請韓國女星宋慧喬，擔任三菱汽車大陸區的年度代言人，但宋慧喬卻因為軍艦島歷史事件，日本遲遲未向韓國道歉補償而拒絕代言，甚至表明「作為戰犯企業，三菱還沒有做過負責的行動，因此三菱汽車提出的建議，我當然不能接受。」霸氣的回應，且不惜將大把銀子向外推，也可看出韓國民族對於此事件的日韓情節。

無獨有偶，宋慧喬的前夫宋仲基，則是在 2016 年接拍了從端島歷史事件改編的韓國電影「軍艦島」，再再都說明了此事件對於韓國人的傷害之大！而雙宋兩人也堪稱是愛國模範。

軍艦島番外篇

　　除了壯觀的軍艦島外，來這邊別忘了留意旁邊還有一座小島，看起來超像海中浮上來的大海龜，遠遠望去，簡直就像要和軍艦撞上一樣，非常有趣。

　　經營軍艦島航線的各家船商，會在遊客下船後提供不同的紀念方式，這也可以當作你在選擇船商的參考之一。例如我選擇的這間公司是提供一張登陸證書，證明你曾經登陸過世界文化遺產，非常有紀念性喔～♥

🖋 我投海龜一票，賭海龜會贏。

端島（軍艦島）

■ 地址：長崎縣西彼杵郡高島町端島

■ 交通：從長崎港乘船約 40 分鐘可達

日本最棒的動物園【BIO PARK】

這個動物園在我心中直接榮登日本最棒動物園,聽説在九州很有名,連日本人都很愛去～究竟是為什麼呢?

≫ 超佛系深山動物園

BIO PARK 主要分為兩個部分,一個是動物園,另一個則是 Paw Pet Animal World 寵物樂園。去過日本的朋友應該都很清楚,水族館、動物園這類的門票大約都在 1800-3000 日幣不等,但 BIO PARK 動物園加寵物樂園兩張門票一起買,竟然只要 2000 日幣!實在是超佛系的價格,揪甘心。

另一個很值得讚賞的地方,在於 BIO PARK 因為位處偏僻,大部分的人都是開車前往,這對自助旅行的人來説相對不便,但沒想到 BIO PARK 竟然還提供「無料」接駁車,相當貼心。

遊客可以在著名的景點豪斯登堡門口,看到 BIO PARK 的接駁車站牌並且搭乘。而且從豪斯登堡一路開到 BIO PARK,車程需要近 1 個小時,這麼遠的路程還無料,真的是太有誠意!

小提醒

雖然是無料接駁但還是要預約喔!我當天是臨時請車站人員幫忙打電話預約,雖然上車後感覺空位好像很多⋯⋯但保險起見大家還是先預約,以免沒有位子坐。

這樣真的不會逃跑?!

≫ 籠子呢!這接觸也太近距離了吧!

一進到 BIO PARK,相信很多人都會嚇一跳,因為這個動物園⋯⋯竟然沒有籠子!有些地方甚至只是用水溝或矮柵欄做出簡單的區隔⋯⋯

不同於印象中的動物園,這裡的動物擁有很大的生活空間,並且相當乾淨,幾乎聞不到什麼臭味,整個園區就像融入在整座森林中,感覺動物隨時就在你身邊!

開放式的 BIO PARK 園區有趣到什麼程度呢？

在可愛動物區，你可以看到一大群兔豚鼠在超大園區中，自在悠閒地到處亂晃，而且跟人的距離非常非常近！

一旁桌上放著新鮮胡蘿蔔條，一杯 100 元日幣，幾乎人手都會來一杯！（一杯在手，餵兔豚鼠樂趣無窮）而且現場根本沒有工作人員在監督，完全採取誠實商店模式，秉持著信任人類的超佛系動物園……這樣真的「大丈夫」嗎？

他們都很習慣人類，完全不怕人呢！

不要搶，大家都有得吃啦！

猴子園區則是設計了可愛的彈弓台，讓你可以把水果投擲到猴子面前，既不用怕猴子太兇狠搶食，還可以大玩投擲遊戲，非常用心！不只如此，就連土撥鼠或樹懶也可以近距離地看到牠們可愛的模樣。

超可愛的土撥鼠家族。

最令我驚喜的是，當走到赤鼻熊區並在一旁的扭蛋機買了飼料後，卻發現這個僅有矮柵欄圍起來的區域，竟然一隻熊也沒有！

直到一滴超大滴口水從天而降，滴在我的臉上，這才發現，兩隻赤鼻熊沿著園區裡的樹一路爬出圍欄外了!!

天啊，這會不會太自由了，熊熊真的不會落跑嗎？當我還在驚訝中無法回神時，兩隻赤鼻熊已經忍不住用尾巴勾著樹枝，垂降下來伸手向你討食。

長長的鼻子，毛茸茸的身軀，就這樣在你面前出現；只要把手掌攤開放上食物，牠們就會來找你，然後像個害羞的小孩拿了食物就跑回樹上。這種前所未有的超近距離，真的讓人太心動了！而且牠們被照顧得很好，看起來身心都超健康的～（能這樣隨時越獄跑出圍欄，想不健康都難）

就連鸚鵡都沒有籠子，也沒有腳鍊（我真的觀察很久），就這樣乖乖地停在鸚鵡園區裡的涼亭裡。真的非常好奇園方到底為什麼都不擔心動物會飛走呢？想來想去，唯一可解釋的大概就是因為他們真的把動物照顧得很好，所以連動物都懶得逃跑了吧～（笑）

》超人氣吉祥物 – 水豚君

BIO PARK 之所以這麼有名，其實是因為這位超人氣的吉祥物 – 水豚君！

而且這一區大～到不像話，差不多就是一個公園的概念，公園裡還有超大水池讓水豚們游到爽。在你身邊，到處都充斥著滿滿的～滿滿的水豚，甚至還有剛出生的小水豚跟在媽媽屁股後亂跑。不管你是想要站著看、蹲著摸、還是躺著一起睡都可以，真的超療癒！

不只有水豚，這裡還養了一堆雞鴨鵝，全都超級和平的共處。水豚可能真的是過太舒爽，每一隻都睡得跟小豬一樣，就算成群雞鴨鵝在旁邊吵翻天，甚至帶隊從牠們身上踩過去，還是絲毫動搖不了牠們睡大頭覺的決心！除非～你有一把竹葉！

公園裡也有溫泉區，每到冬天，還可以看到最有名的水豚君泡溫泉的畫面喔！

》真正的動物園，就是森林

這個園區真的很大，完全融入在森林之中，就像被大自然環抱一樣。在園區裡頭走逛，需要全心地去感受，因為就連路邊一個不起眼、毫無遮蔽的小水塘，都有可能是水獺的家；身邊隨時會有各種野生動物經過，不像傳統動物園把動物關在狹小的籠子中。BIO PARK 用心地向遊客詮釋了：大自然，才是真正的動物園。

一路上隨處可見布告欄上寫了各種你可能會遇到的動物小知識和介紹，非常用心。尤其還特別用幽默的語氣提醒：「遇得到是幸運，遇不到是命運」，並

（手寫文字）
▲赤鼻熊是浣熊的親戚，主要生活在南美洲，但和浣熊不同，牠們是日行性動物

食物!! ♡
超大渴口水
←我

219

一再提醒大家千萬不要去嚇動物，或是傷害動物。

　　也因為園區廣大，工作人員無法隨時在一旁照看，所以真的需要遊客展現良好的品德參觀。同時機會教育家裡的小朋友，教導他們和動物相處的正確方式，友善對待，不要惡意騷擾。另外，每個園區旁幾乎都會販賣針對不同動物所提供的食物，請遵照規矩，勿餵食非館方提供的食物，一起珍惜跟動物們同樂的美好地方。

》 動物園的本質就是教育

　　除了空間大，能近距離接觸動物之外，BIO PARK 用心的小細節實在太多。例如自助飼料或販賣飼料的扭蛋機上，都各有著不一樣的小巧思，像是動物趣聞或是小知識，在餵食動物的同時，還能進一步了解動物生態。

　　例如：「土撥鼠是一夫多妻制」、「在浣熊眼裡拿著飼料的就是上帝」、「狐獴看到食物的叫聲是むしむしむしむし（無限循環）」等等，超級有趣！而且每種動物的飼料都不同，像是狐獴飼料扭出來竟然是一堆麵包蟲～～而且還是活的！

　　唯一的缺點……大概就是每種動物你都想餵，錢會花得特別快吧（笑）。我光是在園區內就花了將近 3000 日幣飼料費呢（傷心）！

　　　　　　靠飼料獲取了各種合照。

甚至還有螯蝦池可以讓小朋友生態體驗。租借的道具放在一旁，同樣憑良心誠實租借。有別於無趣的看板解說，BIO PARK 整個園區都富有滿滿的教育意義，真心讓人佩服！

≫ Paw Pet Animal World

除了動物園區域，還有一個額外收費的可愛寵物樂園 Paw Pet Animal World。裡面最受歡迎的就是貓狗區；兩個大房間中分別充滿了各式各樣的貓狗，狗狗應該有經過訓練，非常乖巧，而且精神活力都很好。在狗狗房間外面還有一個大庭院，可以讓遊客跟狗狗一起奔跑或是玩丟球遊戲，小朋友們都玩得不亦樂乎。用這種方式親近動物，對動物的害怕、恐懼通通會瞬間消失！

除了這兩區外，一進門的大廳裡，還有各種兔子、天竺鼠、寵物龜等小動物，就連鸚鵡都有，而且一樣沒有腳鍊，不用工作人員強迫，看到喜歡的人地就會自動飛過來停靠。鸚鵡甚至還爬上了我的背包，樂得我合不攏嘴！

BIO PARK 對喜歡動物的大小朋友來説，待上一整天都不夠，而這裡也是我看過最棒最開心的動物園！希望來這邊的人要好好愛護動物，讓 BIO PARK 可以永續經營卜去。

BIO PARK

- 地址：長崎縣西海市西彼町中山鄉 2291-1
  （Map code：262 859 127*05）
- 營業時間：10:00-17:00（最後入園 16:00）
- 公休日：無
- 費用：大人 1700 日圓／學生 1100 日圓／
  3 歲以上 - 小學生 800 日圓
- 門票 +PAW 入場費：成人 2000 日圓／學生
  1400 日圓／3 歲以上 – 小學生 1100 日圓

資訊請以官網為準

風靡日本的狗明星【島原三柴犬】

提到長崎最有名的動物明星，當然就是島原三柴犬啦！到底什麼是島原三柴犬，快跟著我一起來看看吧！

≫ 是島原不是島輝

到島原，必須坐 JR 到諫早車站再轉乘當地的島原鐵路，搭乘約 1 小時才能抵達。（順帶一提，島原鐵路創於 1908 年，也是百年鐵道喔～）島原除了著名的百大名城「島原城」，最有名的就是鯉魚！

因為島原的水質好，又有天然溫泉，因此就連市內的水溝都能看到鯉魚的身影，還因此有鯉魚街的誕生。而在島原站內，更有「日本第一隻鯉魚站長」，牠是一隻 10 歲大，身長超過 80 公分的巨大黃金鯉魚王喔！聽説金色鯉魚不只能帶來財運，還能提升戀愛運，所以當地的人非常喜歡這位站長。

≫ 島原三柴犬 —「當明星真是份辛苦的工作呢」

上過日本綜藝節目的超有名「島原三柴犬」，原來只是一般民眾家的狗狗，一開始主人只是為了讓好奇狗狗可以一窺家外頭的世界，所以特別在牆壁上挖了三個洞給三隻柴犬，意外造就了三隻狗頭掛在牆上的經典畫面，還變成大家朝聖的地方，甚至連 Google 地圖都把三柴家列做觀光景點呢！

我抵達的時候，原本狗狗正在院子休息，但可能是牠們看我一臉癡漢的表情，不得不理會我……這些孩子竟然一臉無奈，拖著像是週一要去上班的沉重步伐，緩緩朝洞口走來，默默將頭就「靠」在洞裡，乖乖的給我看（開心）～～

可能是習慣了觀光客，基本上牠們不太會亂叫，也乖乖地任人摸摸，只是請大家不要看牠們可愛就亂餵食喔，不然萬一拉肚子或生病了，主人會很困擾的。

柴犬狗狗讓我拍了幾張照，差不多也站累後，就逕自轉身躺回家裡了，完全是一隻很了解自己身負明星責任的柴犬。

🐾 甚至還用眼神催促另一隻快點一起上工，表情實在太厭世、太可愛啦！

十分盡職的狗明星♥

至於為什麼只有兩隻呢？因為最胖的那一隻在家門口睡死了，完全起不來!! 所以無緣看到三隻狗狗一起的盛況。有經過島原附近的朋友，十萬不要忘記來泡個溫泉，再來看看狗喔～

島原三柴犬 ☑ GET!

最胖的那隻在門口睡死了不起床呀!!（笑）

島原三柴犬

■ 地址：長崎縣島原市桜町 953-1

來去青島當漁婦【青島民泊】

這趟旅行來得十分匆促，因為一則意外的新聞，上面寫著「日本大學生畢旅・民泊正流行」，讓我開始對「民泊」產生好奇。

民泊，既不是旅館，也不是民宿，而是寄住在當地在地人家家中一起生活，透過幫忙日常的工作，體驗當地文化與特色，是偏鄉政府為振興地方所想出來的新對策。

≫ 我們去青島吧

我找到了長崎當地的小旅行社，臨時決定了這個行程。

從福岡出發，經過了一個半小時的高速巴士路程，以及 40 分鐘的松浦鐵路和 25 分鐘的汽船，總共 103 公里的移動，我終於來到位於北長崎縣松浦市一個叫做「青島」的小離島（我稱它為「遠得要命王國」）。

才剛抵達青島這只有 300 人不到的小島，就已經讓我驚艷。小小的港口接待室裡，竟然有圖書室，而且還有 WIFI！不論是售票處或洗手間都非常乾淨，絲毫沒有因為人煙稀少而隨便，也讓人不得不稱讚日本人對待自己國家的用心。

≫ 想住宿？先出海捕魚去！

青島是個四面環海的天然大寶庫，在拜訪民泊的爺爺奶奶之前，我要先跟著漁夫大哥出海，至少抓點什麼漁獲，才不會兩手空空去爺爺奶奶家白吃白喝！

跟著島上的漁夫大叔一起整裝後就準備出航！這次最重要的目標，是捕撈這個海域盛產的章魚。浮球被用來作為記號，每個浮球下方連著五個魚籠，而我的工作就是把魚籠一個個拉起，收集今天的漁獲。但只能説漁家的媳婦不好當！籠子的重量再加上海潮的拉力，大概只拉到第三個時，我的人生就開始絕望（沒用的傢伙），瞬間覺得手都要斷惹了！

魚籠放置記號

!? 不明生物

但更讓人絕望的是，最後收起來的二十個魚籠中，除了有毒不能吃的和必須放生的小魚之外，我淨是抓到一些寄居蟹、一堆不能吃又沒有用的海星，還有不明生物（後來才知道那是海兔）！噢不～～～～這樣我晚上怎麼有臉去奶奶家拜訪呢?!

大叔看我失望的樣子，也可能是擔心我兩手空空到奶奶家只能睡門口，他決定帶我去他的私房漁點試試看。如果再失敗，那就真的是此生跟章魚無緣了。

還好天公疼憨人，最後一個網子拉上來時，本來以為空空如也，沒想到竟然有章魚!!

是的！有隻可愛（又好吃）的章魚落網啦！而且狡猾的牠竟然還不停想從船上的排水孔企圖逃跑，害我一邊尖叫一邊死命將牠抓回，真的是太調皮了。大叔説雖然這隻章魚小了一點，不過以品種來説，體型的大小已經可以食用了。既然大叔都説了，那麼只好……帶回家給奶奶做成生魚片啦（sorry…）

回程的路上，大叔一時興起提議：「天氣真好，我們去釣魚吧！」於是用捕撈上來的小魚當作誘餌，繼續往漁場海釣。這裡的海域乾淨到放了一公尺的線都還看得到；跟著大叔坐在船上吹著海風釣魚，沒有一句對話，但我們都很享受在幸福的當下。♥

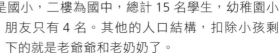

≫ 哈囉，你好嗎？

　　一回到島上，就看見今天要收留我的宮本奶奶站在港口笑盈盈地來接我。「奶奶對不起，我們沒有抓到魚。」奶奶溫柔安慰沒關係，下一瞬間，卻被我調皮的一句「騙妳的！妳看有章魚！」逗得合不攏嘴，笑聲一路伴隨著我們回家。

　　奶奶家位於學校旁，房子雖然不大，卻打掃得乾淨又溫馨。爺爺是個含蓄但十分親切的美男子；奶奶說島上現在只有約 215 個居民，一所學校。校舍的一樓是國小，二樓為國中，總計 15 名學生，幼稚園小朋友只有 4 名。其他的人口結構，扣除小孩剩下的就是老爺爺和老奶奶了。

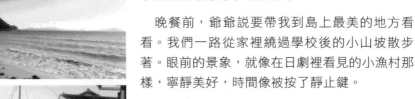

　　晚餐前，爺爺說要帶我到島上最美的地方看看。我們一路從家裡繞過學校後的小山坡散步著。眼前的景象，就像在日劇裡看見的小漁村那樣，寧靜美好，時間像被按了靜止鍵。

　　走上小坡，映入眼簾的是整片無人沙灘，所有的色調就像偶像劇裡的設定般，美到讓人不敢置信。放眼望去，只有自己一人的無人沙灘，彷彿回到了世界初始般純樸，心裡有一股被注滿的重生能量，勇氣瞬間倍增。

≫ 奶奶的漁婦人森

　　民泊的特色，就是你的角色並不是客人，而是要做為家庭一員融入當地生活，所以事情都要一起幫忙，當然連晚餐也不例外。但當我拿著今天的漁獲進到廚房後，奶奶卻遲遲沒有動作……我後來忍不住疑惑發問，奶奶才害羞地說：「我不會殺章魚，所以要等爺爺回來……」後來我才知道，不只是章魚，奶奶連魚都不太敢殺，但天啊奶奶！妳明明就是漁村媳婦啊（笑）～～

不是呀奶奶…妳嫁來漁村
45年,結果不敢殺魚～XD

226

爺爺回來後，我和奶奶只負責站在一旁看爺爺跟章魚搏鬥。奶奶還不時驕傲的説：「爺爺好厲害對吧～」那種「有個人可以等待，幫你完成不敢做的事」的情感，瞬間讓人覺得他們好幸福。

爺爺在跟章魚搏鬥的同時，我終於也能理解奶奶為何不敢自己動手的原因。只見章魚不斷用吸盤吸住刀子，斬也斬不斷，剝了皮還不停扭動，一副怨念滿點的樣子，實在是讓人覺得可怕。

不過，奶奶雖然不敢殺魚，但她做的家常魚料理卻非常好吃！而且奶奶還做了拿手的花生炸豬肉和焗烤洋蔥料理，青島自產的小洋蔥無敵美味～每當想起來口水都快要流下來～～

晚餐後，爺爺躺在客廳看相撲，奶奶則拿出孩子們結婚的家族照片跟我分享。「那你的照片呢？」我撒嬌的問，奶奶拗不過我，又跑到樓上拿了一張相片，小心翼翼地翻開給我看。

「哇！是美人耶！爺爺年輕也好帥喔！」
「你們結婚多久了？」我故作小聲的問奶奶。

「你怎麼問這個啦！」奶奶笑得跟情竇初開的少女一樣。

「你們在説什麼？」爺爺突然轉過頭問道。

「沒有啦！」奶奶把爺爺推了過去，然後偷偷用手在爺爺背後比了「45」，那嬌羞的模樣，完全將她的幸福寫在臉上。

66 歲的奶奶看著照片邊輕撫著，爺爺只是淡淡地笑著看她，再把視線轉回電視。什麼樣的人可以相處相伴 45 個寒暑，看著眼前的爺爺奶奶，我忽然好想知道這個答案。

借宿的這個晚上我們聊了很多，有我旅行的故事，也有奶奶從出嫁到孩子們成長的大小瑣事。雖然語言不通，但奶奶的漁婦人森還是讓我聽得津津有味。

結婚四十五年

▲二十二歲就嫁給爺爺。

≫ 傻女孩背後都有個溫柔的男人

晚餐過後，爺爺奶奶帶著我進行他們的「例行公事」：散步看夕陽。♥

隨著太陽慢慢西下，海也被染成了一片橘紅。奶奶很可愛的跟著我一起拿起手機狂拍夕陽美景，「奶奶，你不是已經看了很多年了嗎？（笑）」一直很少說話的爺爺此時開口：「我們這裡也許什麼都沒有，但這片海景我覺得比任何地方都漂亮。」

爺爺奶奶結婚了 45 年，至今仍會一起牽手來看這片海。我覺得這個畫面，在我心中也是最美的風景。

明明看了45年

卻還狂拍照～

≫ 說・再見

隔天一早，享用完奶奶豐盛的愛心早餐後，我的這趟鄉下探險也即將結束。爺爺奶奶陪我來港口等船，沒想到，第一天遇到的阿姨和帶我出海的大叔也都來了。爺爺不停跟大家驕傲說著，我一個人從台灣來日本旅行 40 幾天，彷彿說著自己孫女的事情，聽得我都忍不住害羞起來。

在上船之際，奶奶從活動中心（港口接待所）拿了四卷彩帶給我帶上船，並不停交代我：「要用力喔！」

一頭霧水的我帶著它上船。準備啟航時，一旁的小姐激動地對著我比手畫腳，要我把彩帶向船外丟。

「啊？丟出去嗎？」
「對～對～往岸上丟！」

我這才轉頭往岸上一看，原來爺爺奶奶還有我認識的島民們，都站在港口邊拚命揮手，奶奶還一直對着我比劃「用力丟過來」的手勢。

隨著船越開越遠，我猶豫了一下，用力丟出第一卷彩帶，但很不幸的掉落海裡⋯⋯第二卷也是⋯⋯（我到底是多沒力氣啦！）終於，第三卷彩帶終於成功丟到港口上，只見爺爺手一伸，奮力從空中攔截到我的彩帶，大家也都圍過來緊緊抓著。

就這樣我們各自握著彩帶兩端，目送着彼此離去，直到彩帶斷掉。

後來船上的姐姐才跟我解釋，這是青島對於要離開的旅人，獨有的「離島儀式」。這表示希望我們能彼此聯繫，有一天可以再回來相聚。噢可惡～聽到這我都要哭了！

謝謝青島，在 27 歲這年給了我這麼溫馨的回憶。謝謝你們如此努力的生活，如此親切地對待一個從台灣來的女孩，希望大家都要好好保重啊！再見了，青島。

離港式

青島民泊預約資訊

■ https://www.facebook.com/greenculturelink/?ref=page_internal

一個人的旅行

在旅程中，住宿也是個非常有趣的過程，因此在住宿篇想要跟大家分享一些除了飯店和一般商旅外不同類型的住宿體驗。

不過，因為住宿的價錢浮動很大，以下我分享所訂到的房價當然不是絕對。至於能不能再訂得更便宜，就看每個人的訂房技巧啦！

》青年旅館

青年旅館應該算是我最喜歡的選擇，類型有很多種，但最常見的房型就是一間房內提供多張上下舖（通常是 4-12 人一間），以一床為單位，床會附有布簾，因此還是有屬於自己的小空間。

通常房內會對照床號提供專屬個人鎖櫃，用來放貴重的東西。旅館大多都有提供洗、烘衣機，至於洗澡空間，有些房內設有浴室、有些則是使用公用澡堂或公用浴室，但必須自備洗、沐浴精及毛巾。每間青年旅館服務不同，不一定都會提供，以毛巾為例，有些有提供卻要收費。

青年旅館最大的好處，就是價錢非常便宜！以日本來說，大多從 400-1000 元台幣不等就有。再來就是容易交朋友，因為都住在同個房間，來自世界各國的旅人更有機會一起交流。大部分的青年旅館也都附設交誼廳，甚至有些還提供公用廚房與調味料，讓住客可以下廚。

不過也因為大家住在同個房間而有些小困擾，例如打呼聲、就寢時間不一等等。個人安全上我倒是覺得不用擔心，適合不這麼介意個人隱私、喜歡交朋友、很好入睡不怕吵，並且住宿時間較長的旅客（可以洗衣服和自己下廚比較便宜）。

≫ 膠囊旅館

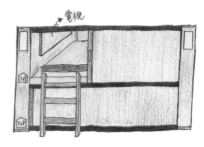

　　日本的膠囊旅館非常興盛，可以説是升級版的豪華青年旅館，設備也更齊全。不同於傳統青年旅館，膠囊旅館是完全獨立的個人小空間，甚至備有電視，就像旅館的個人縮小版，一個房間從 20-30 個膠囊都不一定。要注意的是，有些便宜的膠囊旅館只限定男性，如果在意安全的旅客可以選擇男女分層的旅館。注意這些小細節就能住得安心又輕鬆。♥

　　有些膠囊旅館也有交誼廳，但也許是會來膠囊旅館的客群更廣泛，所以會來交誼廳聊天一起玩的人也不似青年旅館這麼熱鬧。膠囊旅館的衛浴也是公用的；通常會附有洗衣間，但大多沒有廚房。

　　今天要推薦的是京都這間「京都百夫長 spa 膠囊旅館」，它在我心中絕對可以排上前三名。不但位於京都市中心的地鐵烏丸站旁，我入住當天的預定價格是台幣 615 元，現場看價錢則落在 1890-2680 日幣左右。

　　先從個人房間説起：

1. 這間膠囊旅館房間裡有少見的大電視。
2. 為了怕吵到人，還直接連結耳機供使用。
3. 床頭面板有一個一般插座、一個 USB 插座。
4. 床頭面板直接設有鬧鐘。
5. 房間牆上設有活動式小桌子！（無敵貼心 ♥ 設計者一定也是個曾經被迫趴在床上寫旅遊日記的背包客）
6. 房間內就有鏡子！（我實在太想親一下設計者了 ）
7. 公共空間環境乾淨舒服，有木頭地板。
8. 入住就送面膜。

再來說一下女生樓層的其他空間：

1. 梳妝台乾淨並且免費提供「化妝水、保濕乳液、洗臉乳」等用品。
2. 吹風機是必備，但竟然還附有離子夾♥（崩潰需要！難怪在京都這兩天的照片特別好看！）

最後再來說說澡堂和其他公共區域：

1. 牙刷、梳子、吹風機、洗臉保養品一樣不少。
2. 公共大澡堂，但淋浴區有為害羞的女孩設置隔間（避免你洗澡姿勢很醜或是想唱歌表演挖鼻孔）。
3. 20 小時開放溫泉泡到爽（1-5 點打掃時間）。
4. 不同於大多膠囊旅館沒有和其他旅客交流的空間與機會，這裡規劃有交誼廳、旅遊資訊站，並提供咖啡茶飲、兌幣、和服出租、按摩等服務。

唯三缺點：

1. 房間禁食。
2. 沒有男女混合宿舍（誤）。
3. 沒有男女混合的澡堂（大誤）。

🦋 貼心到我都要哭了♥

京都百夫長 spa 膠囊旅館

■ 地址：京都府京都市下京区立売西町 68－2，近地鐵烏丸站

現在也有各種主題的青年旅館和膠囊旅館，像我在福岡就找到一間「零食吃到飽」的膠旅 TRIP POD Fukuoka，CP 值高得嚇人。

・10:00a.m~12:00p.m 日本懷舊小零食吃到爽♥

大窗戶

書櫃
零食、旅遊
各類書籍

零食閱讀室

零食櫃
各種日本
傳統、人氣、
懷舊的零食
吃・到・爽！

・入住時附上一支簡易手機，可線上 24hr 詢問客服，兼具翻譯機和緊急服務查詢功能！（如醫院、警局，亦能提供福岡旅遊資訊，一機多用！）
・手機就是你的個人行動 wifi，入住期間就算離開旅館也能帶著走，隨時有免費網路超佛心。♥♥♥
・入住不用麻煩拿鑰匙，自動感應門只需掃 QR Code，安全又方便！

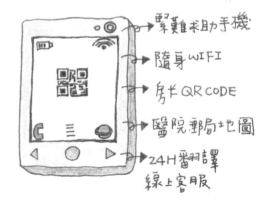

緊難求助手機
隨身 WIFI
房卡 QR CODE
醫院郵局地圖
24H翻譯
線上客服

· 零食間的旁邊就是公共閱讀區，還擺放了許多跟日本零食有關的書籍。
也發現了許多台灣以前也很常見的日本小零食。

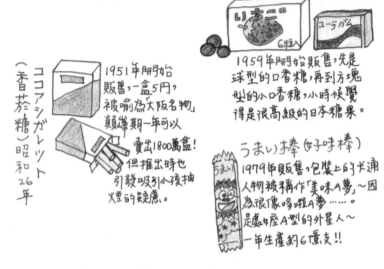

ココアシガレット（香菸糖）昭和26年
1951年開始販售，一盒5円，被喻為「大阪名物」顛峰期一年可以賣出1800萬盒！但推出時也引發吸引小孩抽煙的疑慮。

1959年開始販售，先是球型的口香糖，再到方塊型的小喳糖，小時候覺得是很高級的日本糖果。

うまい捧 (好呀棒)
1979年販售，包裝上的卡通人物被稱作「美味A夢」～因為很像哆啦A夢……是處女座A型的外星人～一年生產約6億支!!

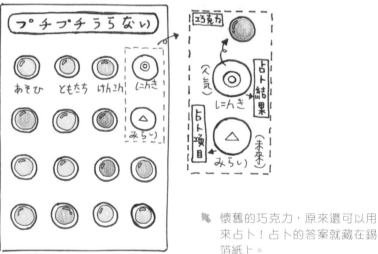

🏴 懷舊的巧克力，原來還可以用來占卜！占卜的答案就藏在錫箔紙上。

TRIP POD Fukuoka

■ 地址：福岡中央区今泉 1 丁目 13-30，joji 大樓 2、3 樓，近地鐵天神南站

≫ 單人旅館

日本也有一種比較特別的旅館，有點介於青年旅館與膠囊旅館之間，大多比較老舊，有自己獨立的房間，但是設備空間非常簡單，大概就是一個人的床位大小左右，衛浴則是像青年旅館一樣大家共用，比較適合需要自己隱私的旅人選擇。

很多外地來打工的人會來住這種類型的旅館，因為非常便宜，而且在大阪的新今宮附近就有不少這樣的旅館可供選擇。

我找到一間老旅館也是這樣的經營模式，一個晚上最便宜才 1000 日幣左右，氣氛非常好，很多國外背包客會選擇這裡。

雖然說這裡是沒落的區域，但治安沒真的壞到哪去。新今宮、動物園前這個區域，不但離通天閣和天王寺超近，附近也有很多隱藏版庶民美食，鄰近的惠美須町還有 24 小時的激安殿堂！而且騎腳踏車沿著日本橋、黑門市場直到難波，超級方便，可以一路逛到底，比起單趟 170 日幣起跳的地鐵，既省錢又可以細細品味和挖寶。

📎 櫃檯有一位很可愛的迎賓小姐～還有一隻大狗狗！

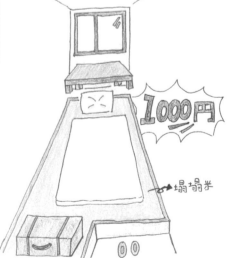

📎 一個人睡剛剛好，隱私很夠。而且其實日本的共用浴室都是成套的衛浴，相當乾淨！

🔹 鑽石旅館

▪ 地址：大阪市西成区太子 1-13-21
（近地鐵新今宮站）

235

≫ 公寓日租套房

現在在日本有很多類似台灣的日租套房，大多是出租日式的「1LDK 單身公寓」（1 房、1 客廳和 1 衛浴）；受到日劇影響，這成為我非常嚮往的住宿體驗名單之一。

公寓套房內就像是家裡一樣，電視、冰箱、簡易流理檯什麼都有，空間也比飯店或商旅大得多，價錢卻只要 1200-3500 台幣不等而已，扣除服務或公共設施，CP 值其實比飯店還高。

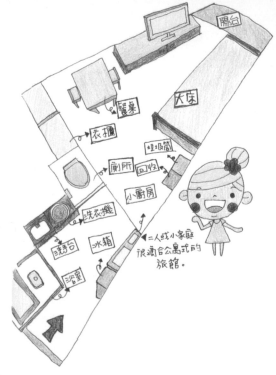

很多公寓式套房都有專業管理，像我在沖繩的住宿業者就是買下整棟公寓改成飯店經營。但我也住過個人出租的房間，有次還要跟大樓隔壁的章魚燒老闆拿鑰匙呢。我也碰過給地圖，然後要像柯南一樣去尋找藏在城市中的房間鑰匙（笑），總之非常好玩，也是很特別的住宿體驗。

依照屋主提供的指示，要在地鐵站附近的停車格先找到一台電動機車，接著在一堆大鎖中找到和自己房間號碼相對應的大鎖。接著輸入屋主預先傳給我的密碼，最後才能拿到房間鑰匙！

回味居飯店

地址：京都府京都市中京区塗師屋町 345（近地鐵烏丸御池站）

謹以此書，獻給我的父母親。
願意放手讓我去飛，讓我可以把
更精采的世界跟更多人分享。

2AF680

妖怪、貓島、富士山，我在日本旅圖中

國家圖書館出版品預行編目（CIP）資料

妖怪、貓島、富士山，我在日本旅圖中 / 王君瑭著.
-- 初版 . -- 臺北市：創意市集出版：城邦文化發行，民
109.6
面；　公分

ISBN 978-957-9199-94-0(平裝)
1. 旅遊 2. 文化觀光 3. 日本

731.9　　　　　　　　　　　　　　109004303

作　　者　王君瑭
責任編輯　溫淑閔
主　　編　溫淑閔
版面構成　江麗姿
封面設計　任宥騰

行銷專員　辛政遠、楊惠潔
總編輯　　姚蜀芸
副社長　　黃錫鉉

總經理　　吳濱伶
發行人　　何飛鵬
出　　版　創意市集

發　　行　城邦文化事業股份有限公司
　　　　　歡迎光臨城邦讀書花園
　　　　　網址：www.cite.com.tw

香港發行所　城邦（香港）出版集團有限公司
　　　　　香港灣仔駱克道 193 號東超商業中心 1 樓
　　　　　電話：（852）25086231
　　　　　傳真：（852）25789337
　　　　　E-mail：hkcite@biznetvigator.com

馬新發行所　城邦（馬新）出版集團
　　　　　Cite （M） Sdn Bhd
　　　　　41, Jalan Radin Anum, Bandar Baru Sri
　　　　　Petaling,57000 Kuala Lumpur, Malaysia.
　　　　　電話：（603）90578822
　　　　　傳真：（603）90576622
　　　　　E-mail：cite@cite.com.my

印　　刷　凱林彩印股份有限公司
　　　　　2024 年（民 113）05 月　初版 2 刷
　　　　　Printed in Taiwan
定　　價　360 元

客戶服務中心
地址：10483 台北市中山區民生東路二段 141 號 B1
服務電話：（02）2500-7718、（02）2500-7719
服務時間：周一至周五 9：30 ～ 18：00
24 小時傳真專線：（02）2500-1990 ～ 3
E-mail：service@readingclub.com.tw

※詢問書籍問題前，請註明您所購買的書名及書
　號，以及在哪一頁有問題，以便我們能加快處
　理速度為您服務。

※我們的回答範圍，恕僅限書籍本身問題及內容
　撰寫不清楚的地方，關於軟體、硬體本身的問
　題及衍生的操作狀況，請向原廠商洽詢處理。

※廠商合作、作者投稿、讀者意見回饋，請至：
　FB 粉絲團 · http://www.facebook.com/InnoFair
　Email 信箱 · ifbook@hmg.com.tw

若書籍外觀有破損、缺頁、裝訂錯誤等不完整現
象，想要換書、退書，或您有大量購書的需求服
務，都請與客服中心聯繫。